Kome Donald Njodzela

Ludobójstwo, dyskryminacja i marginalizacja

Kome Donald Njodzela

Ludobójstwo, dyskryminacja i marginalizacja

Z Anglofonu Kamerunu

Wydawnictwo Bezkresy Wiedzy

Imprint

Cover image: www.ingimage.com

Publisher:
Wydawnictwo Bezkresy Wiedzy
is a trademark of
International Book Market Service Ltd., member of OmniScriptum Publishing Group
17 Meldrum Street, Beau Bassin 71504, Mauritius

Printed at: see last page
ISBN: 978-620-0-54465-0

Drogi czytelniku,

książka, którą posiadasz, została pierwotnie wydana pod tytułem "Genocide, Discrimination And Marginalization Of Anglophone Cameroon", ISBN 978-620-0-22867-3.

Jego publikacja w języku polskim jest możliwa dzięki zastosowaniu najbardziej zaawansowanej sztucznej inteligencji dla języków.

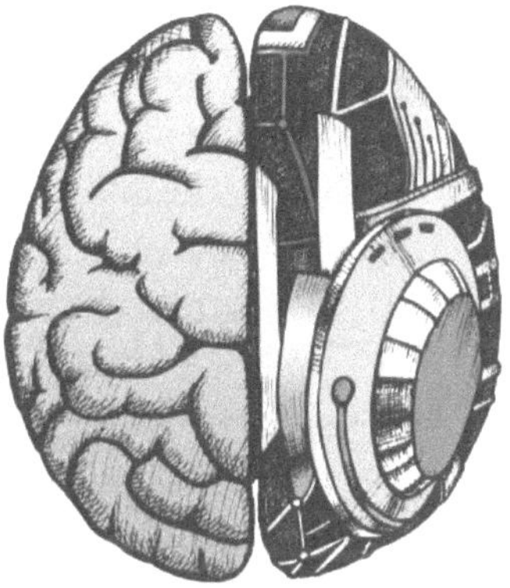

Technologia ta, uhonorowana pierwszą w historii Honorową Nagrodą Sztucznej Inteligencji w Berlinie we wrześniu 2019 r., naśladuje sposób działania ludzkiego mózgu, dzięki czemu jest w stanie uchwycić i przetłumaczyć nawet najmniejsze niuanse w bezprecedensowy sposób.

Mamy nadzieję, że znajdą Państwo wiele satysfakcji z tej książki i uprzejmie prosimy o uwzględnienie wszelkich rozbieżności językowych, które mogłyby wyniknąć z tego procesu.

Miłego czytania!

Wydawnictwo Bezkresy Wiedzy

SPIS TREŚCI

PREFACE

Kryzys anglojęzyczny jest kryzysem trwającym od dawna, który ma swoje korzenie w epoce kolonialnej, począwszy od rządów Niemiec, Wielkiej Brytanii i Francji. Podczas konferencji w Berlinie Zachodnioafrykańskim w 1884 roku Kamerun zyskał międzynarodowe uznanie jako terytorium niemieckie. Zostało to potwierdzone przez podpisanie 12 lipca 1884 roku traktatu niemiecko-doualskiego. Ale wraz z wybuchem pierwszej wojny światowej, Niemcy zostali wysłani z Kamerunu przez koalicję Brytyjczyków i Francuzów w 1914 roku. Dzięki tej porażce Liga Narodów (LON) przekazała Kamerun w ręce brytyjskiej i francuskiej jurysdykcji. Ale podczas drugiej wojny światowej Niemcy próbowały odzyskać Kamerun od Wielkiej Brytanii i Francji, ale próba ta zakończyła się niepowodzeniem. Ta nieudana próba ponownego sprzeniewierzenia Kamerunu przez Niemców posunęła się jeszcze dalej, aby potwierdzić pełny status brytyjskiej i francuskiej władzy nad Kamerunem w oczach Organizacji Narodów Zjednoczonych (UNO).

Zjednoczenie Kamerunu, zostało skumulowane 1 października 1961 roku, kiedy to Południowy Kamerun uzyskał niepodległość, jednocześnie jednocząc się z Republiką Kamerunu. Oba stany zgodziły się na przyjęcie systemu federalnego, który dał autonomię Zachodowi i Wschodowi Kamerunu. Pod rządami Ahidjo kraj związkowy został zmieniony na jednorodny, w 1972 roku w drodze referendum, które zostało wysoko skrytykowane przez mniejszość anglojęzyczną jako sposób na stłumienie systemu angielskiego, stanowiąc tym samym solidny fundament problemu anglojęzycznego. Państwo unitarne sprzyjało infiltracji do części anglojęzycznej przez rząd centralny, co stanowiło zagrożenie zarówno dla systemu sądowniczego, jak i edukacyjnego.

Główne obszary marginalizacji Kamerunu to: sektor sądownictwa, domena polityczna, arena społeczno-gospodarcza i wymiar kulturowy. Pomimo rewanżu anglojęzycznej społeczności, Ahidjo i Biya stosowali taktykę destabilizacji tej społeczności, wśród nich: dziel i rządź, i media. Aktorzy kierujący walką o wyzwolenie anglofonu znajdują się zarówno w kraju, jak i za granicą. Kryzys anglofoński spowodował szerokie straty, od ludzkich do materialnych, utrwalonych zarówno przez siły rządowe, jak i przez Separatystów, według organizacji pozarządowych: Human Right watch, International crisis group i Amnesty International. Reakcja prezydenta Paula Biyi w listopadzie 2017 roku, polegająca na wypowiedzeniu wojny anglofonom, usprawiedliwiła po prostu ludobójstwo, którego celem było zniszczenie angielskiego dziedzictwa.

Pojawiły się apele o zakończenie kryzysu ze strony społeczności międzynarodowej, takiej jak ONZ, krajów zagranicznych, takich jak Wielka Brytania, USA, Francja, Niemcy, Norwegia, Włochy, wzywające rząd do dialogu z separatystami i federalistami. Możliwym rozwiązaniem było wezwanie do przeprowadzenia referendum lub przyznania niepodległości anglojęzycznemu Kamerunowi jako suwerennemu państwu, ponieważ 80 procent ludności popiera niepodległy kraj, pod nazwą Ambazonia.

Kome Donard Njodzela

POTWIERDZENIE

Moje szczególne podziękowania kieruję do Boga Wszechmogącego za jego ciągłe prowadzenie i ochronę. Chciałbym podziękować moim rodzicom, mojemu ojcu Kome WILLIAM i matce Winkara LAWONG MARY. Moje szczególne podziękowania kieruję również do rodziny Lawong, Barah, Wirngo i wirba. Dziękuję również w szczególny sposób Ngali BRIGET, profesorowi Wirngo AJUME oraz rodzeństwu za ich stałe wsparcie i zachętę w taki czy inny sposób. Chciałbym również przekazać wyrazy szacunku moim profesorom z uniwersytetu w Jaunde 2 wydziału prawa i nauk politycznych, w szczególności: Profesor Cheka COSMAS, profesor Atangcho NJI AKONUMBO, profesor Machikou NADINE . Moja wdzięczność skierowana jest również do mojego kolegi z klasy z Uniwersytetu Yaoundé 2 Soa, wydziału prawa i nauk politycznych, oraz do Uniwersytetu Loyola w Kongo, wydziału filozofii. Szczególne podziękowania kieruję również do moich formatorów, ojca Jean MARIE QUENUM, ojca Bomki MATHEW oraz do zespołu formacyjnego w Canisius Kimwemza w Demokratycznej Republice Konga. Tym bardziej pozdrawiam profesora Nketo LUMBA, profesora Mpay NKEMBOLY, profesora WIlly'ego MOKA, a także wielu profesorów z Uniwersytetu Loyola w Kongo. Chciałbym w szczególny sposób podziękować profesorowi Akono FRANCOIS-XAVIER, za jego dyspozycyjność w czytaniu mojej pracy, stałą uwagę i korektę.

Ponadto chciałbym wyrazić wdzięczność mojemu rodzeństwu, któremu Bóg dał, poprzez ich obecność i stałe wsparcie w moim życiu. Chciałbym podziękować ojcu Biwole, za jego stały duchowy kierunek w moim życiu, kiedy byłem na uniwersytecie Yaounde 2 soa. Dziękuję również ojcu Kisito FORBI za jego zachęty, a także innym towarzyszom za ich nieustającą modlitwę i zachętę wobec mnie.

DYDYKACJA

Ta książka jest poświęcona Bogu Wszechmogącemu, ofiarom, które ucierpiały w czasie kryzysu anglojęzycznego, zwłaszcza tym, które zabijają w czasie konfrontacji zbrojnej, tym, którzy napotkali na straty ludzkie i materialne, uchodźcom i przesiedleńcom wewnętrznym.

ACRONYM

Konferencja AAC All Anglophone

ADF Siły Zbrojne Ambazonii

AF Siły Ambalandzkie

AM Ruch Ambazoński (AM)

ARA Ambazonia Army Restoration

ARCC Ambazonia Recognition Collaboration Council

AT Tygrysy Ambazońskie

Unia Afrykańska UA

BIT Dwustronna umowa inwestycyjna

CANSA Kameruńskie Stowarzyszenie Studentów

CAPTAC Konfederacja Anglofońskiego Stowarzyszenia Rodziców i Nauczycieli CAPTAC

CRM Kamerunski Ruch Renesansowy

FRSC Federalna Republika Kamerunów Południowych

Ś wiadectwo ogólne GCE Rada Edukacji

PDF Ludowy Front Rozwoju

SCACUF Southern Cameroon Ambazonia Consortium United Front

Ruch Odbudowy Kamerunów Południowych SCARM

SCNC Rada Narodowa Południowego Kamerunu

SCYL Southern Cameroons Youth League

SD F Front Socjaldemokratyczny

SOCADEF Southern Cameroons Defence Forces

TAC Stowarzyszenie Nauczycieli Kamerunu (TAC Teachers Association of Cameroon)

U K Zjednoczone Królestwo

Organizacja Narodów Zjednoczonych

U.S . Stany Zjednoczone

V ipery

WPROWADZENIE

Kamerun, officially Republika Kamerunu, jest narodem Afryki Środkowej, liczącym około 24,68 mln mieszkańców, podzielonym na 10 regionów dla celów sprawowania rządów. W ośmiu z tych regionów językiem narodowym jest francuski, a w dwóch (południowe Kameruni) angielski. Rząd centralny Kamerunu znajduje się w frankofońskiej części kraju[1]. Nawet według standardów afrykańskich, nowoczesny naród Kamerunu jest sztuczną konstrukcją. Łączy ona cztery główne obszary ekologiczne (nizina przybrzeżna, wyżyna tropikalna, tropikalny płaskowyż i jałowa sawanna), trzy główne tradycje religijne (islam, chrześcijaństwo i antymizm) oraz setki grup etnicznych i językowych. Twórcami tej mieszanki byli Niemcy, pierwsi kolonizatorzy Kamerunu. Po przejściu do gry imperialnej, Niemcy zostali zmuszeni do wsadzenia swojego nowego terytorium pomiędzy istniejącą brytyjską strefę wpływów w delcie Nigru a strefę wpływów Francuzów w Sahelu i Dolnym Kongu[2]. Angielski i francuski są dwoma językami urzędowymi Republiki Kamerunu. Duża francuskojęzyczna mniejszość żyje w regionie anglojęzycznym i na odwrót. Nie ma korelacji między poziomem ubóstwa w danym regionie a językiem, którym posługuje się tam większość. Niektórzy wiodący anglofoni mają bezpośredni dostęp do prezydenta. Sądy w regionach francuskojęzycznych stosują prawo francuskie, podczas gdy na obszarach anglojęzycznych dominuje prawo zwyczajowe. Jednakże do regionów anglojęzycznych mianowani są również sędziowie francuskojęzyczni nieznający prawa zwyczajowego[3]. Prawie 20% ludności (pięć milionów) Kamerunu jest anglojęzyczna i mieszka w dwóch anglojęzycznych regionach południowo-zachodnich i północno-zachodnich. Anglojęzyczna i frankofońska część Kamerunu została zjednoczona w 1961 roku, a od tego czasu mniejszość anglojęzyczna jest marginalizowana, zarówno w instytucjach publicznych, jak i na stanowiskach państwowych. Chociaż konstytucja z 1972 r. przyznała równy status zarówno językowi francuskiemu, jak i angielskiemu, w populacji anglojęzycznej wzrosło uczucie, że populacja frankofonów jest lepiej reprezentowana politycznie, ekonomicznie i społecznie. To podsycało twierdzenia o samostanowieniu w obrębie populacji anglojęzycznej[4].

[1] Efi W. Tembon, Crisis in the Republic of the Cameroon An Overview of the Anglophone Crisis 2016-2018,s.4.
[2] Alexander Lee i Kenneth A. Schultz, "Porównując brytyjskie i francuskie dziedzictwo kolonialne": A Discontinuity Analysis of Cameroon", *Quarterly Journal of Political Science,* 7: 1-46, 2012, s.7.
[3] Bern-Wabern, *Kryzys w anglojęzycznym Kamerunie,* 25 września 2018 r., s. 4.
[4] ACAPS Risk report, *CAMEROON Electoral violence in anglophone regions*, 20 September 2018, s.2.

Z drugiej strony, Sombaye EYANGO JULES ROGER przeanalizował wpływ istnienia tych dwóch tożsamości językowych na kameruńską tożsamość narodową. Według Sombaye Eyango Jules Rogera, jak szybko doszło do kryzysu anglofońskiego, można wytłumaczyć długą historię "anglofonizmu" i "frankofonizmu". Twierdzi on, że anglofon i frankofon stanowią dwie kolonialnie skonstruowane opozycyjne grupy i że polityka rządu Biya przyczyniła się do wzmocnienia tej opozycji. Wzajemna tolerancja lub nietolerancja między tymi dwiema grupami została również ukształtowana poprzez politykę edukacyjną i prawną[5]. Kryzys anglojęzyczny rozprzestrzenił się również w innych mediach, aby zaalarmować ludność i cały świat o sytuacji. Według Camilla ARUNDIE TABE i Njofie ISAAC FIEZE , w swoim oświadczeniu:

> "Krajobraz mediów drukowanych w Kamerunie jest zdominowany przez prywatne gazety. Na razie rząd posiada tylko jedną gazetę, Cameroon Tribune. Prywatne gazety w kraju obejmują: The Guardian Post, The Post, The Chronicle, The Voice, The Scoope, Breaking News, The Horizon, The Sun, The Life Time i The Times Journal. Na początku wielu Kameruńczyków nie było zainteresowanych czytaniem gazet. W dzisiejszych czasach kioski z gazetami są zawsze zaludnione każdego ranka w dużych miastach, gdzie albo ludzie czytają nagłówki, albo starają się uzyskać najnowsze wydanie(y) raportów prasowych o bieżących wydarzeniach. Ten wzrost czytelnictwa w gazetach informacyjnych można przypisać temu, co Tabe słusznie stwierdza, że niosą one informacje na ważne tematy i są niedrogie. Co więcej, wiele kanałów telewizyjnych w Kamerunie, takich jak Cameroon Radio and Television (CRTV), CANAL2, STV, EQUINOX i VISION4 ma codzienne programy na nagłówkach gazet o nazwie "what the newspapers say". Jest to specjalny program edukacyjno-informacyjny, w którym nagłówki gazet omawiają realia społeczeństwa kameruńskiego i całego świata. W ostatnim czasie większość nagłówków gazet w Kamerunie została zdominowana przez obecny kryzys anglojęzyczny"[6].

Sombaye EYANGO JULES ROGER wyjaśnił, że niestabilność niektórych afrykańskich reżimów postkolonialnych wynika z braku zerwania z dziedzictwem rządów kolonialnych. Konflikt pomiędzy anglojęzycznymi regionami Kamerunu a państwem wydaje

---

[5] Jules Roger, Sombaye Eyango, "Inside the Virtual Ambazonia": Separatyzm, mowa nienawiści, dezinformacja i diaspora w kameruńskim kryzysie anglofonicznym" (2018).Prace magisterskie. 1158. https://repository.usfca.edu/thes/1158, , str.18.
[6] Camilla Arundie Tabe i Njofie Isaac Fieze, "A CRITICAL DISCOURSE ANALIS OF NEWSPAPER HEADLINES ON THE ANGLOPHONE CRISIS IN CAMEROON", *British Journal of English Linguistics* Vol.6, No.3 , May 2018, s.65.

się być istotnym przypadkiem dla zilustrowania tej teorii. Rzeczywiście, ten kryzys jest związany z brytyjskim i francuskim dziedzictwem kolonialnym. Na przykład, roszczenia ruchu na rzecz Ambazonii obejmują dostęp do praktyki języka angielskiego w edukacji, do systemu prawnego common law, które zostały ustanowione przez Brytyjczyków w okresie ich administracji. Autor twierdzi również, że język i religia to dwa czynniki, które wzmacniają tożsamość i zachęcają ludzi do postrzegania siebie jako odmiennych, gdy żyją w tej samej społeczności. Wyjaśnia, że to wzmocnienie tożsamości poprzez język lub religię może być przeszkodą w budowaniu wyobrażonej wspólnoty[7].

Pomimo ucieczki anglofonu, rząd jest letni. Przeszkody w rozwiązaniu tego kryzysu są liczne:

- Odrzucenie dialogu i negocjacji przez prezydenta Paula Biyę

- Użycie siły wojskowej

Odmowa zmierzenia się z głównymi przyczynami kryzysu anglofońskiego i zaprzeczenie jego istnienia przez rząd Biya

- Fakt, że wspólnota międzynarodowa, choć świadoma okrucieństw i zbrodni przeciwko ludzkości, odwróciła wzrok od siebie

- Wykorzystywanie przez rząd prawa antyterrorystycznego do celów politycznych

- Około tysiąca anglojęzycznych działaczy zostało uwięzionych przez rząd na mocy ustawy antyterrorystycznej[8].

Bez żadnej formy nacisku ze strony społeczności międzynarodowej okrucieństwa te będą kontynuowane, a ludobójstwo jest nieuniknione. Anglojęzyczni demonstranci przegrupowali się w konsorcjum bardzo influential składające się z różnych związków zawodowych, w tym nauczycieli, prawników, dziennikarzy, kierowców, stowarzyszenia rodziców nauczycieli, działaczy, wśród nich mamy wpływowych ludzi, jak np: Nfor Ngala Nfor, Akwanga Ebenezer, Cho Ayaba, Boh Herbert, Ayuk Tabi, Mancho Bibixy, Tapang Ivo, Mark Bareta, Ayah Paul , Tataw Eric itd. Regiony anglojęzyczne w Kamerunie stojące w obliczu brudnej wojny z anglofonami, ogłoszonej przez prezydenta Paula Biya w listopadzie

---

[7] Jules Roger, Sombaye Eyango, "Inside the Virtual Ambazonia": Separatyzm, mowa nienawiści, dezinformacja i diaspora w kameruńskim kryzysie anglofonicznym" (2018).Prace magisterskie. 1158. https://repository.usfca.edu/thes/1158, , str.16.

[8] Efi W. Tembon , Kryzys w Republice Kamerunu Przegląd kryzysu anglofońskiego 2016-2018, 25 czerwca 2018 r., s.14.

2017 roku, pod przewodnictwem niektórych współpracowników, jak np: Szef wspólnych szefów sztabów: Generał Rene-Claude Meka, minister obrony Joseph Beti Assomo, minister administracji terytorialnej Paul. ATANGA NJI, gubernator regionu północno-zachodniego , Adolphe Lele Lafrique , Bernard Okalia Bilai, gubernator anglojęzycznego południowo-zachodniego regionu Kamerunu . Celem prezydenta Paula Biyi było całkowite zniszczenie kultury anglojęzycznej, dlatego też jego ludobójstwo na mniejszości anglojęzycznej w Kamerunie spotkało się z międzynarodowym potępieniem ze strony niektórych krajów zachodnich, w szczególności: Niemiec, Wielkiej Brytanii, Stanów Zjednoczonych, Norwegii, Włoch, a także organizacji międzynarodowych i regionalnych, takich jak ONZ, AU, EU. Presja międzynarodowa w postaci oświadczeń państw zachodnich i organizacji międzyrządowych - w tym ONZ i Unii Europejskiej (UE) - w połączeniu z naciskami wewnętrznymi (wzmożone stosowanie strajków obywatelskich, bojkot i palenie szkół oraz pojawienie się przywódców separatystycznych) zmusiły rząd do pewnych ustępstw. W okresie od marca do lipca 2017 r. podjęła szereg działań w odpowiedzi na żądania związków zawodowych nauczycieli i prawników: tłumaczenie na język angielski kodeksu opracowanego przez Organizację Harmonizacji Prawa Biznesowego w Afryce; rekrutacja dwujęzycznych nauczycieli i audytorów sądowych; utworzenie Komisji ds. Jednak ludność anglojęzyczna ubolewała nad tymi kosmetycznymi środkami, które nie miały znaczenia dla jej głównego postulatu - powrotu do federalizmu[9]. Rząd zaakceptował również legalność żądań nauczycieli i prawników, a pod koniec sierpnia 2017 r. uwolnił kilku liderów pierwszych protestów, w tym prawnika Agbora Ballę i około 30 działaczy[10].

[9] Crisis Group Report, Cameroon's Anglophone Crisis at the Crossroads, op. cit.
[10] "Kamerun: pierwsi anglojęzyczni przywódcy uwolnieni", RFI, 31 sierpnia 2017.

ROZDZIAŁ I

HISTORIA CAMEROONA

Historię Kamerunu można porównać do historii innych krajów afrykańskich, ponieważ choć jego historia sięga czasów prehistorycznych, terytorium to zostało odkryte dopiero około 1472 roku przez portugalskich kolonialistów, którzy osiedlili się już w Malabo w Gwinei Równikowej. Jednak z powodu ówczesnego zarażenia komarami ci portugalscy kolonialiści nie mogli osiedlić się w regionie, pozostawiając terytorium wolne od jakichkolwiek wpływów europejskich. Kamerun został później zajęty przez Niemców po tym, jak brytyjski Hewett przybył późno, jednak po ich klęsce w I wojnie światowej Niemcy zostali wypędzeni z Kamerunu, a Brytyjczycy i Francuzi poszli na rozbiórkę kraju po porozumieniu zawartym w marcu 1916 roku. Umowa ta została później przekształcona w mandat Powiernika Ligi Narodów w 1922 r., po nieudanych próbach Francji i Wielkiej Brytanii zintegrowania tego terytorium z ich istniejącymi koloniami. Ten mandat Ligi Narodów dał Francji kontrolę nad 80 procentami terytorium Kamerunu i jego mieszkańców, a Wielka Brytania została upoważniona do rządzenia resztą. Francuski Kamerun uzyskał później niepodległość od Francji 1 stycznia 1960 roku i stał się republiką Kamerunu. Jednak Brytyjski Kamerun uzyskał niepodległość później i zjednoczył się z byłym francuskim Kamerunem w 1961 roku, tworząc Federalną Republikę Kamerunu. To zjednoczone terytorium zostało później przemianowane na Zjednoczoną Republikę Kamerunu 20 maja 1972 roku, a ostatecznie na Republikę Kamerunu w 1984 roku[11]. Historię Kamerunu można przedstawić na dwa sposoby, pierwszy to spojrzenie na erę kolonialną naznaczoną aneksją Kamerunu przez Niemców, ich późniejszą klęską, która doprowadziła do przeniesienia kolonii do Wielkiej Brytanii i Francji. Innym ważnym okresem jest epoka niezależna, charakteryzująca się dwoma wydarzeniami - federacją i państwem unitarnym.

A. Zasada kolonialna

Historia Kamerunu pochodzi z czasów kolonialnych. Była to ręka pełna krajów europejskich, które zakrzyczały się do Kamerunu, wśród których mamy: Portugalia, Wielka Brytania, Niemcy i Francja. Kamerun przeszedł serię przemian naznaczonych początkiem pierwszej wojny światowej, która odsunęła Kamerun od okupacji niemieckiej i umieściła go

---

[11] de SK Leke , *Rozdział 2 CAMEROON: A HISTORICAL BACKGROUND,* wiredspace.wits.ac.za ' bitstream ' handle ' Rozdział 2, str.22-23.

zarówno w Lidze Narodów, jak i w Organizacji Narodów Zjednoczonych jako terytorium mandatowe i powiernicze. Stworzyło to kolejny sygnał, w którym kraj został podzielony przez Wielką Brytanię i Francję, a obie te kraje stosowały swoją politykę kolonialną. Mimo że każdy z nich został skolonizowany przez dwie odrębne jednostki, zdecydowały się one na zjednoczenie, tworząc tym samym status federalny. W czasie, gdy na Ahidjo opowiadał się za państwem unitarnym, co było początkiem kryzysu anglojęzycznego.

1. **Niemiecka reguła**

Kiedy rząd brytyjski odmówił anektowania Kamerunu, niemieccy handlowcy, w obliczu rosnącego zainteresowania Francji, postanowili zaapelować do swojego rządu o anektowanie Kamerunu. Otto Von Bismarck, kanclerz Niemiec, nie interesował się koloniami. Niemieckimi handlowcami w Kamerunie kierował Adolph Woermann w swoim żądaniu aneksji Kamerunu przez Niemcy[12]. Traktat niemiecko-doualski z 12 lipca 1884 roku położył kres "niezależnej" roli przywódców Douala. Traktat ten oznaczał nie tylko ostateczne załamanie się przewagi pośredników Doualas w handlu między Europejczykami i tubylcami w głębi lądu, ale także "sprzedaż" ich ziemi (co uczynili nieświadomie) Niemcom, co z kolei miało zakończyć się wywłaszczeniem w 1912 roku. Kamerun, jako kolonia niemiecka, został uznany na arenie międzynarodowej podczas konferencji w Berlinie[13].

Podczas walk o Afrykę w 1884 roku Kamerun stał się kolonią niemiecką, a cesarski rząd niemiecki dokonał znacznych inwestycji w infrastrukturę Kamerunu, w tym w rozbudowane linie kolejowe, szpitale, szkoły i plantacje. Ponieważ jednak ludność rdzenna okazała się niechętna do pracy nad tymi projektami, Niemcy podżegali do ciężkiej i przymusowej pracy. Wspomnieli również, że podczas I wojny światowej, w 1914 roku, Francja i Wielka Brytania najechały i pokonały Niemców w Kamerunie, tworząc Ligę Narodów w celu przekazania Kamerunu Francji i Wielkiej Brytanii jako terytorium powiernicze. Kamerun został później podzielony na dwie części, a Francja zyskała większą część, podczas gdy Wielka Brytania otrzymała pasek graniczący z Nigerią od morza do jeziora Czad. Podział ten stworzył podstawę do stworzenia dwóch tożsamości, a ludność każdej z nich postrzega siebie jako odrębną społeczność, ze względu na różnice językowe i odziedziczoną tradycję kolonialną[14].

---

[12] Victor Julius Ngoh, *The Political Evolution of Cameroon*, 1884-1961, PDXScholar, Portland State University, 1979, p.5.
[13]Ibid. str. 9.
[14] Elizabeth Ambang Akum , *The anglophone problem in Cameroon: political representation and socio-- economic development*, Lund University, Faculty of Social Science, Master's Thesis in Development Studies SIMT32 Major in Sociology 30hp May 2009 , s.17-18.

2. Brytyjskie i francuskie rządy

Francuska reguła

Francuskie rządy w Kamerunie opierały się na szeregu dekretów wydanych przez rząd francuski. Dekretami tymi mianowano komisarzy francuskich ("Commissaire.de la Republique"). Wysoki Komisarz był repozytorium władzy w Kamerunie, kierował wszystkimi służbami - zarówno cywilnymi, jak i wojskowymi - i był odpowiedzialny za politykę obronną, chociaż nie dowodził osobiście siłami morskimi, wojskowymi czy powietrznymi. Był jedynym łącznikiem z francuskim Ministerstwem Kolonii. Pomagał mu sekretarz generalny, gabinet, dyrektorzy, *"chefs de service"* i *"Conseil d'Administration"*. *Conseil d'Administration*" składała się z dziesięciu członków, z których dwóch było rezydentami francuskimi, a dwóch *"sujets"* nominowanych przez komisarza. Ta Rada miała charakter czysto doradczy[15]. Francja rządziła Kamerunem, jak gdyby była jej kolonialną własnością, a nie terytorium mandatowym. Polityka francuska rządziła się "francuskimi ogólnymi zasadami podporządkowania, centralizacji i jednolitości, które były albo jedną z 'asymilacji', albo stowarzyszeniem - 'asymilacja' miała tylko negatywne znaczenie: Tłumiła ona lub ignorowała struktury polityczne, które były prawdziwie afrykańskie i kulturę afrykańską, zastępując je strukturami kolonialnymi i edukacją kolonialną, które były rzeczywiście "francuskie", ale głęboko różniły się od tego, co istniało na tym samym poziomie we Francji[16].

Brytyjska zasada

Brytyjski Kamerun pod rządami mandatu

Zgodnie z porozumieniem londyńskim z 4 marca 1916 roku, zawartym między Wielką Brytanią a Francją, Wielka Brytania nabyła jedną piątą terytorium niemieckiego Kamerunu (Kamerunu) i zostało to potwierdzone przez Ligę Narodów. W 1922 roku Brytyjski Kamerun (znany również jako Zachodni Kamerun, aby odróżnić go od francuskiego Kamerunu-Wschodniego) został podzielony na dwie części; część północna została włączona do północnej prowincji Nigerii, a część południowa znalazła się pod jurysdykcją brytyjską. Część południowa, znana jako Brytyjskie Kameruni Południowe, została podzielona na cztery dywizje: Victoria, Kumba, Mamfe i Bamenda. W odpowiednim czasie Brytyjski Kamerun

---

[15] Victor Julius Ngoh, *The Political Evolution of Cameroon, 1884-1961*, PDXScholar, Portland State University, 1979, p.29.
[16] Ibid. str.30.

Południowy został oddany pod administracyjną opiekę nigeryjskiej prowincji południowej. Główną cechą charakterystyczną brytyjskich rządów w Kamerunach do 1952 r. było to, że nie doszło do żadnego wydarzenia o dużym znaczeniu politycznym, a terytorium było nieprogresywne w porównaniu z francuskim Kamerunem[17].

Brytyjska polityka rządów pośrednich

Wielka Brytania przyjęła politykę "rządów pośrednich" w Brytyjskim Kamerunie. Brytyjskim celem było "szerzenie brytyjskich rządów i handlu oraz poddanie kolonii brytyjskim prawom". Ułatwiła to obecność lokalnych wodzów rządzących głównymi plemionami, takimi jak Buea, Victoria oraz na łąkach, gdzie tradycyjni wodzowie sprawowali wielką władzę. Aby uprościć administrację brytyjską, ustanowiono "rdzenne władze" wraz z sądami i radami, gdzie szefowie spotykali się z karami mniej więcej według "zmodyfikowanych" rdzennych zwyczajów - tak jak to robili "Fons" z Bali, Korn, Banso, Mankon i szefowie Buea, Bangwa i Mamfe. Ze względu na bardzo słabe środki komunikacji, niektóre wsie nigdy nie były odwiedzane przez urzędników administracyjnych[18].

W 1954 r. Brytyjskie Kameruni Południowe otrzymały ograniczony stopień samorządności jako "quasi-federalne" terytorium w ramach federacji nigeryjskiej. W 1958 r. zrezygnowano ze statusu "quasi-federalnego" i "Kamerunom Południowym przyznano autonomię lokalną i rząd ministerialny z Izbą Szefów". Brytyjski system prawny zastąpił niemiecki imperialny system prawny, chociaż w 1922 r. niektóre części terytorium nadal korzystały z niemieckiego kodeksu cesarskiego. Starsi oficerowie okręgowi (S.D.O.) otrzymali uprawnienia do więzienia przestępców do jednego roku, podczas gdy młodsi oficerowie okręgowi mieli uprawnienia do więzienia przestępców do trzech miesięcy. Pod koniec każdego miesiąca do Sądu Najwyższego w Lagos przesyłano zestawienie drobnych spraw; w poważnych sprawach przesyłano również pełne postępowanie. Sędzia Sądu Najwyższego mógłby "potwierdzić, zmienić lub - uciąć wyroki lub zarządzić ponowne rozpatrzenie sprawy, jak mu się wydawało". Odległe podziały lub obszary nie miały sądów, a wodzowie mogli wymierzać kary mniej więcej zgodnie z normami ich społeczeństw. Oficer Powiatowy był odpowiedzialny za prowadzenie oddziału policji i utrzymanie dróg, a także za administrację ogólną[19].

---

[17] Ibid. str. 77.
[18] Ibid. str. 80.
[19] Ibid. s. 80-81.

B. Okres niepodległości

1. Zjednoczenie i system federalny

Narodziny Federalnej Republiki Kamerunu 1 października 1961 roku oznaczały ponowne zjednoczenie dwóch terytoriów, które przeszły doświadczenie kolonialne different po I wojnie światowej, kiedy to dawny niemiecki Protektorat Kamerunu został podzielony pomiędzy Brytyjczyków i Francuzów, najpierw jako "mandaty" w ramach Ligi Narodów, a później jako "trusty" w ramach Organizacji Narodów Zjednoczonych. Należy przypomnieć, że część terytorium objętego mandatem brytyjskim, które zaczęto nazywać Kamerunami Południowymi, była początkowo związana ze wschodnimi prowincjami Nigerii do 1954 r., kiedy to uzyskała status quasiregionalny i ograniczony stopień samorządności w ramach Federacji Nigerii, gdzie w 1958 r. uzyskała pełny status regionalny. Nie ma wątpliwości, że administracja południowych Kamerunów jako dodatek do Nigerii spowodowała rażące zaniedbanie jej rozwoju, a także dominującą pozycję migrantów z Ibo i Efik-Ibibio w jej gospodarce. To właśnie Kamerun Południowy głosował w 1961 roku w plebiscycie Organizacji Narodów Zjednoczonych na rzecz zjednoczenia z Kamerunem francuskim, a nie na rzecz integracji z Nigerią.[20]

To, co miało być początkiem wyjątkowego eksperymentu federalnego w Afryce, wkrótce okazało się "bardziej cieniem niż rzeczywistością". Podczas negocjacji w sprawie konstytucji, w szczególności podczas konferencji w Foumbanie w lipcu 1961 r., siła przetargowa delegacji frankofonicznej reflected wynikała z faktu, że wielkość i populacja regionu anglojęzycznego była niewielka, obejmująca tylko dziewięć procent całkowitej powierzchni i około jednej czwartej całkowitej populacji. Co ważniejsze, do czasu tych negocjacji Południowe Kamerunowie musieli jeszcze osiągnąć niepodległość, przystępując do suwerennej Republiki Kamerunu, której prezydent Ahmadou Ahidjo, jako lider delegacji frankofonicznej, mógł dyktować warunki federacji, wykorzystując na swoim terytorium status "senior". (John Ngu Foncha, premier Południowych Kamerunów i lider delegacji anglojęzycznej, zaproponował luźną formę federalizmu, ale ostatecznie został zmuszony do zaakceptowania wysoce scentralizowanego systemu rządów i administracji[21].

---

[20] PIET KONINGS and FRANCIS B. NYAMNJOH , "The Anglophone Problem in Cameroon", *The Journal of Modern African Studies*, Cambridge University Press, Wielka Brytania, 1997, s. 208.
[21] Ibid. str. 209.

Ahidjo postrzegał federalizm jako nieunikniony etap w tworzeniu silnego, jednolitego państwa i stosował różne taktyki, aby osiągnąć ten cel. Po zostaniu prezydentem Federalnej Republiki Kamerunu w październiku 1961 r., grał przeciwko sobie anglofoniczne frakcje polityczne off, ostatecznie namawiając je do przystąpienia do *Union nationale camerounaise* (UNC), jedynej partii utworzonej we wrześniu 1966 r., i był w stanie ukarać każdego przywódcę anglojęzycznego, który pozostał oddany idei federalizmu. Stąd jego zastąpienie Augustyna Ngom Jua przez Solomona Tandeng Munę, "unitarystę", na stanowisku premiera Sfederowanego Państwa Zachodniego Kamerunu w 1968 r., oraz stworzenie przez niego "klientów" na najwyższych stanowiskach w rządzie i partii dla przedstawicieli znaczących grup etnicznych i regionalnych w regionie anglojęzycznym[22].

2. System jednostkowy

W 1972 r. Federacja Kamerunu zniknie, by zastąpić ją jednolitym, zdecentralizowanym państwem. W rzeczywistości "W latach 1966-1970 rozpoczęto prace nad stworzeniem jednolitego systemu, a w 1972 r. przeprowadzono referendum w celu podjęcia decyzji o przekształceniu Republiki Federalnej w jednolite państwo - Zjednoczoną Republikę Kamerunu"[23]. W 1972 r. rząd Ahidjo zorganizował referendum, aby zagłosować za lub przeciw nowej konstytucji, która zmieniała państwo kameruńskie z federalnego na jednolite. Niektórzy działacze anglojęzyczni zakwestionowali warunki, w jakich odbyło się głosowanie. Twierdzą oni, że referendum naruszyło konstytucję federalną, która zabraniała dokonywania jakichkolwiek zmian bez zgody większości deputowanych ze zjednoczonego kraju związkowego Kamerunu Zachodniego. Idą dalej, dodając, że klimat terroru reżimu Ahidjo nie sprzyjał otwartej debacie na temat tej nowej konstytucji i tej nowej formy państwa kameruńskiego[24].

---

[22] Ibid. str. 210.
[23] Jules Roger, Sombaye Eyango, "Inside the Virtual Ambazonia": Separatyzm, mowa nienawiści, dezinformacja i diaspora w kameruńskim kryzysie anglofonicznym" (2018).Prace magisterskie. 1158. https://repository.usfca.edu/thes/1158, , str.28.
[24]Ibid. str. 28.

ROZDZIAŁ II

OBSZARY MARGINALIZACJI ANGLOFOŃSKIEGO CAMEROONA

Rząd niemiecki i tradycyjni wodzowie Douala podpisali w lipcu 1884 roku traktat ustanawiający protektorat o nazwie Kamerun. Jego tereny zostały podzielone po klęsce Niemiec pod koniec I wojny światowej. Liga Narodów mianowała Francję i Zjednoczone Królestwo wspólnymi powiernikami Kamerunu. Problem anglofoński i szereg innych słabych stron współczesnego Kamerunu ma swoje korzenie w okresie kolonialnym. W czasie trwania mandatu i powiernictwa każda potęga kolonialna kształtowała swoje terytoria na swój własny wizerunek. Doprowadziło to do znacznych różnic w kulturze politycznej. Angielski był językiem urzędowym na terytorium podlegającym administracji brytyjskiej. System wymiaru sprawiedliwości (Common Law), system edukacji, waluta i normy społeczne były wzorowane na modelu brytyjskim. System rządów pośrednich pozwolił na utrzymanie tradycyjnych komendantów i sprzyjał powstawaniu pewnej formy samorządności w zakresie, w jakim wolność prasy, pluralizm polityczny i demokratyczna zmiana władzy istniały w anglojęzycznym Kamerunie przed uzyskaniem niepodległości. Terytorium to było administrowane tak, jakby należało do Nigerii, a kilku członków kameruńskiej elity anglojęzycznej było w latach 50. ministrami w nigeryjskim rządzie. Natomiast terytorium frankofońskie było zarządzane bezpośrednio przez Francję według modelu asymilacyjnego, chociaż kolonizatorzy i tradycyjne elity również praktykowały formę rządów pośrednich, zwłaszcza na północy kraju. Język francuski był mówiony, a francuskie normy społeczne, prawne i polityczne kształtowały scentralizowany system polityczny kolejnych reżimów. Bogaty w totalną wojnę z ruchem nacjonalistycznym (*Union des populations du Cameroun* - UPC), który zakwestionował francuską obecność, terytorium frankofońskie było mniej demokratyczne[25]. Korzenie problemu anglofonicznego tkwią w źle zorganizowanym zjednoczeniu, które opierało się na centralizacji i asymilacji oraz na gospodarczej i administracyjnej marginalizacji. Osobiste i etniczne ambicje i rywalizacja wśród elit nie pomogły. Nie zawsze byli w stanie przedstawić wspólny front do obrony coraz bardziej niejednorodnej sprawy anglofońskiej. Od lat 2000. kwestia anglojęzyczna głęboko podzieliła społeczeństwo. Wyraża się to we wzajemnym negatywnym postrzeganiu populacji anglofońskiej i frankofońskiej oraz okazjonalnym wzajemnym stygmatyzacji. Obecny kryzys

[25] International Crisis Group, "Cameroon's Anglophone Crisis at the Crossroads", Africa Report N°250 | 2 sierpnia 2017.

stanowi szczególnie niepokojące odrodzenie się tego starego problemu. Nigdy wcześniej kwestia anglojęzyczna nie przejawiała się z taką intensywnością[26]. Kamerun bogaty w potencjalne zasoby, począwszy od rolnictwa, leśnictwa, rybołówstwa i górnictwa, nie mógł równomiernie rozłożyć się w celu zaspokojenia aspiracji lub potrzeb swoich mieszkańców. Sytuacje te wywołały frustrację wśród anglofonów, gdzie zasoby nie były głęboko zainwestowane w część anglojęzyczną, ale przede wszystkim we frankofoniczną część Kamerunu.

Ważnym punktem marginalizacji jest waluta CFA, nałożona na mniejszość anglojęzyczną ze szkodą dla funta brytyjskiego używanego w anglojęzycznym Kamerunie. Szereg czynników świadczy o marginalizacji anglojęzycznych Kameruńczyków, a skargi sądowe, społeczno-gospodarcze i polityczne napotykają na opór ze strony mniejszości anglojęzycznej.

A. Żaluzje sądowe

Wolności obywatelskie i postępowanie sądowe

Przed zjednoczeniem anglofoni byli pewni, że mogą korzystać ze swobód obywatelskich i indywidualnych oraz że są one zagwarantowane. Nikt nie mógł zostać aresztowany i wrzucony do więzienia bez postawienia zarzutów. Nie było znanych przypadków przeszukania bez nakazu w lokalu prywatnym. Policja nie wyszła wszędzie uzbrojona. Anglofonowie nie wiedzieli o nocnej operacji zwanej "Kale-Kale". Przeciwnicy zjednoczenia ostrzegali jednak ludność: te formy represji były już w praktyce w Republice Kamerunu. 32 lata później, anglofoni żałują, że nie zwrócili uwagi na te ostrzeżenia. W prawdziwej demokracji zakłada się, że wszyscy ludzie są równi wobec prawa i pewne jest, że sprawiedliwości stanie się zadość, gdy prawo zostanie złamane. W francuskojęzycznym Kamerunie ingerencja władzy wykonawczej w procedurę i wykonywanie orzeczeń sądowych jest dość powszechna. Sędziowie zostali zredukowani do roli jedynie przedstawicieli Ministerstwa Sprawiedliwości, a sądy stały się jego służbami i departamentami. Spośród tysięcy przykładów pogardy, w których władza wykonawcza sprawuje władzę sądowniczą, jest to jedna z najbardziej dramatycznych i pouczających spraw: w poniedziałek 23 grudnia 1992 r., w swoim wyroku nr HCB (CRM) 92, Sąd Apelacyjny w Bamendzie nakazał uwolnienie 173 osób, ich zatrzymanie i poddanie torturom w Kwaterze Wysokiego Bezpieczeństwa (HSM).

[26] International Crisis Group, "Cameroon's Anglophone Crisis at the Crossroads", Africa Report N°250 | 2 sierpnia 2017.

Nie zważając na decyzję sądu, rząd arbitralnie decyduje, że decyzja ta nie zostanie zastosowana. W dniu 27 grudnia więźniowie zostali przeniesieni do Jaunde, w nieludzkich i poniżających warunkach transportu, na proces przez sąd francuskojęzyczny. Takie praktyki ingerencji i manipulowania wymiarem sprawiedliwości są obce dla anglofonów[27].

B. Rewizje polityczne

Kryzys lub problem anglojęzyczny wynika z kolejnych przypadków nieprzestrzegania i niewdrażania przez rząd Kamerunu od 1961 roku artykułów konstytucji, które utrzymywały i chroniły to, co były Brytyjskie Kamerun Południowy wniósł do Unii wraz z byłym francuskim Kamerunem w 1961 roku. Ponadto, niektóre czynniki, które są głównymi przyczynami problemu anglofonii to: lekceważenie konstytucji, czego dowodem jest rozwiązanie partii politycznych i utworzenie jednej partii politycznej w 1966 r.; wyrzucenie Jua i mianowanie Muna w 1968 r. premierem Kamerunu Zachodniego oraz znikome używanie języka angielskiego w sferze oficjalnej i publicznej. Takie akty są oceniane przez zachodnich Kameruńczyków jako niekonstytucyjne i niedemokratyczne[28].

Ponadto, Camilla ARUNDIE TABE i Njofie ISAAC FIEZE wspominają o kawalerskim zarządzaniu referendum z 1972 r., które wyeliminowało element fundamentalny (federalizm) konstytucji z 1961 r., który całkowicie zatarł kulturowe i językowe granice oddzielające Kamerunów. Kolejnym potwierdzeniem tego jest ustawa zmieniająca konstytucję z 1984 roku, która nadała temu krajowi pierwotną nazwę Kamerunu Wschodniego (Republika Kamerunu) i tym samym wymazała tożsamość Kameruńczyków Zachodnich z pierwotnego związku. Zachodni Kamerun, który wszedł do związku jako równorzędny partner, w rzeczywistości przestał istnieć, szczególnie w formie politycznej. Celowa i systematyczna erozja tożsamości kulturowej Kamerunu Zachodniego, którą konstytucja z 1961 roku starała się zachować i chronić poprzez stworzenie federacji biokulturowej, była kolejnym świadectwem istnienia problemu anglofonii w Kamerunie[29].

Anglofony zostały zdegradowane do niższych stanowisk w krajowym procesie decyzyjnym i są niedostatecznie reprezentowane na stanowiskach ministerialnych, jak również

[27] Oświadczenie złożone na spotkaniu anglojęzycznego Kongresu w Buea w dniach 2 i 3 kwietnia 1993 r., str. 146-147 .

[28] Camilla Arundie Tabe i Njofie Isaac Fieze ,"A CRITICAL DISCOURSE ANALIZES OF NEWSPAPER HEADLINES ON THE ANGLOPHONE CRISIS IN CAMEROON" , *British Journal of English Linguistics*, Vol.6, No.3, pp.64-83, May 2018, Published by European Centre for Research Training and Development UK (www.eajournals.org),p.66.

[29] Ibid. str. 66.

na wyższych i średnich szczeblach administracji, wojska i parapaństwowców. Według Camilli Arundie Tabe i Njofie Isaaca Fieze, ważne stanowiska w kraju są zawsze zarezerwowane dla frankofonów i od ponad 32 lat od zjednoczenia, ministerstwa takie jak odpowiedzialne za administrację terytorialną, siły zbrojne, edukację, finanse, sprawy zagraniczne, rozwój handlowy i przemysłowy itp. nigdy nie były kierowane przez anglofonów. W Służbie Zagranicznej, anglofoni rzadko są mianowani ambasadorami Kamerunu w Londynie, Waszyngtonie, Nowym Jorku, Lagosie czy Paryżu. Te kluczowe placówki dyplomatyczne są zarezerwowane dla Frankofonu. W części teoretycznej powyżej mowa jest o dyskryminacji etnicznej w społeczeństwach podzielonych, gdy członkowie danej grupy etnicznej nie mają prawa pracować w rządzie centralnym lub gdziekolwiek poza swoim regionem, ponieważ nie należą do tej samej grupy etnicznej co przywódcy ich kraju[30].

Elizabeth Ambang Akum powiedziała to:

> "Anglofoni są atakowani od czasu do czasu, gdy odbywają swoje spotkania partyjne. Pierwsza partia opozycyjna w kraju - Front Socjaldemokratyczny (S.D.F.) - podczas wiecu inauguracyjnego została zaatakowana przez swoich członków, co doprowadziło do śmierci sześciu młodych anglofonów. Następnie dodają, że członkowie Rady Narodowej Południowych Kamerunów (SCNC), która dziś jest głównym ruchem anglojęzycznym w Kamerunie, zostali zatrzymani podczas próby zorganizowania konferencji prasowej pod przewodnictwem wiceprzewodniczącego grupy, Nfora Ngala Nfora. Władze aresztowały ich pod pretekstem, że nie byli upoważnieni do organizowania spotkań. W ostatnich latach tego rodzaju aresztowania były powszechne, a sytuacja nie uległa poprawie. W październiku 2001 r., po demonstracjach w anglojęzycznych prowincjach o większe prawa polityczne, w których zginęły trzy osoby, dziewięć zostało rannych, a ponad 100 aresztowanych, Amnesty International wezwała rząd Kamerunu do "poszanowania praw do wolności zrzeszania się i wypowiedzi". Elizabeth Ambang Akum promowała zasadę liberalnej demokracji, zgodnie z którą jednostki mają prawo do "rządzenia" własnym życiem, w granicach związanych przede wszystkim z wzajemnym uznawaniem i równymi szansami dla wszystkich"[31].

---

[30]Elizabeth Ambang Akum , *The anglophone problem in Cameroon: political representation and socio-- economic development*, Faculty of Social Science, Master's Thesis in Development Studies, Lund University, May 2009,s.23.
[31] Ibid. str. 24.

Chociaż Republika Kamerunu jest oficjalnie dwujęzyczna, bez znajomości języka francuskiego nie można zrobić dobrej kariery w administracji państwowej, ponieważ wszystkie prace administracyjne są prowadzone w języku francuskim. Tożsamość i świadomość anglojęzyczna są podnoszone przez niemal codzienne konfrontacje z urzędnikami państwowymi z siedzibą w anglojęzycznym Kamerunie, którzy często nie mówią ani słowem po angielsku i zachowują się jak mistrzowie tego obszaru, spychając tym samym populację anglojęzyczną na pozycję podmiotów, a nie obywateli.[32]

C. Żale społeczno-kulturowe

Pod względem językowym w Kamerunie dominuje francuski, nawet w akademii wojskowej w Mutengene, w samym sercu anglojęzycznego regionu mówiącego; region południowo-zachodni, zdominowany jest przez francuski. Anglofoni skarżyli się, że rząd wysyła do szkół anglojęzycznych nauczycieli frankofońskich, którzy ledwo mogą się wypowiadać w języku angielskim, aby uczyli anglofonów; większość ogłoszeń publicznych pojawia się tylko w języku francuskim. W odpowiedzi na to, w piątek 29 maja 2015 roku, Hon. Cyprian ściągnął wszystkie jednojęzyczne ogłoszenia w państwowym hotelu Ayaba w Bamendzie, wyjaśniając, że Kamerun nie może być krajem dwujęzycznym, ale ogłoszenia w miejscach publicznych w regionach anglojęzycznych są napisane tylko po francusku. Ponadto większość sędziów w sądach rejonów anglojęzycznych to frankofoni, którzy zwracają się o osądzanie anglofonów w języku francuskim. Próbując poradzić sobie z językowym aspektem kryzysu anglojęzycznego, 24 stycznia 2017 roku prezydent Republiki Paul Biya powołał komisję ds. dwujęzyczności i wielokulturowości. Komisja ta miała zrównać status języka angielskiego i francuskiego w sferach publicznych oraz zapewnić skuteczne wdrażanie tych dwóch języków bez żadnych uprzedzeń i marginalizacji. Dlatego też problem anglofonii jest zarówno problemem mniejszości etnicznej, jak i językowej dwóch anglojęzycznych Regionów Północno-Zachodnich i Południowo-Zachodnich w Kamerunie[33].

Dyskryminacja w nauczaniu i uczeniu się

Systematyczna dyskryminacja jest praktykowana wobec anglojęzycznych studentów, którzy składają wnioski do szkół biznesu i innych instytucji szkolnictwa wyższego, takich jak

---

[32] Ibid. str. 24.

[33] Camilla Arundie Tabe i Njofie Isaac Fieze ,"A critical discourse analysis of newspaper headlines on the anglophone crisis in Cameroon" , *British Journal of English Linguistics*, Vol.6, No.3, pp.64-83, May 2018, Published by European Centre for Research Training and Development UK (www.eajournals.org),p.65-66.

ENAM (Ecole nationale d'administration et de magistrature), gdzie sekcje anglojęzyczne zostały zlikwidowane, oraz ENS (Ecole normale supérieure). Od samego początku anglofony były praktycznie wykluczone z takich instytucji jak Krajowa Szkoła Politechniczna, Międzynarodowy Instytut Ubezpieczeń, Szkoła Geodetów, Szkoła Biznesu i Administracji Douala, itp. Istnieje niewielka lub żadna ciągłość pomiędzy edukacją, którą studenci anglojęzyczni otrzymują w szkołach podstawowych i średnich, a tą zapewnianą w naszych krajowych szkołach wyższych, które są całkowicie zdominowane przez studentów francuskojęzycznych i francuskojęzycznych. Wielu młodych anglofonów jest zatem zmuszonych do wyjazdu za granicę, kosztem znacznych nakładów finansowych dla siebie i swoich rodzin, w celu zdobycia wysokiej jakości wykształcenia wyższego, zgodnego z ich podstawową wiedzą. Po powrocie do Kamerunu, ich dyplomy i kwalifikacje zawodowe zdobyte za granicą podlegają ocenie i systemowi równoważności, przed rozpatrzeniem jakiegokolwiek wniosku o zatrudnienie. Mogą oni być zmuszeni czekać pięć lat na ustalenie tej (() równoważności). Obecnie w Ministerstwie Służby Cywilnej oczekuje na rozpatrzenie około 700 akt anglojęzycznych urzędników służby cywilnej; niektórzy z nich, w wieku siedmiu lat, oczekują na ewentualną (() zmianę klasyfikacji) danych osób. Po tylu latach zaniedbań, nie ma już wysokiej jakości średniego wykształcenia technicznego dla anglofonów. Cóż za kontrast w stosunku do wiedzy handlowej i technicznej dostarczanej za czasów Federacji przez renomowane instytucje, takie jak Ombe Higher Technical Government Institute[34].

Według Elizabeth Ambang Akum, anglofończycy są systematycznie dyskryminowani przy przyjmowaniu studentów do szkół zawodowych i innych instytucji szkolnictwa wyższego, zwłaszcza Krajowej Szkoły Administracji i Sądownictwa (ENAM), w której zlikwidowano sekcje anglojęzyczne, oraz Wyższej Szkoły Kształcenia Nauczycieli (ENS). Wspomina on o niewielkiej lub żadnej ciągłości między kształceniem dzieci anglojęzycznych na poziomie podstawowym i średnim a kształceniem zorientowanym na język francuski prowadzonym w krajowych instytucjach szkolnictwa wyższego. Dodaje więc, że młodzież anglojęzyczna jest zmuszona do wyjazdu za granicę, co wiąże się z dużymi kosztami finansowymi dla siebie i swoich rodzin w poszukiwaniu wyższego wykształcenia, które jest dobrej jakości i zgodne z ich podstawowym wykształceniem[35].

---

[34] Oświadczenie złożone na spotkaniu anglojęzycznego Kongresu w Buea w dniach 2 i 3 kwietnia 1993 r., s. 147-148.

[35] Elizabeth Ambang Akum , *The anglophone problem in Cameroon: political representation and socio-- economic development*, Faculty of Social Science, Master's Thesis in Development Studies, Lund University, May 2009,s.26.

We wrześniu 1983 roku Minister Edukacji Narodowej ogłosił zarządzenie modyfikujące egzamin z anglojęzycznego ogólnego świadectwa wykształcenia (GCE), upodabniając go do egzaminu maturalnego, francuskiego egzaminu w Kamerunie. Nadal twierdzą oni, że zarządzenie to miało najwyraźniej na celu ułatwienie studentom anglojęzycznym wstępu do instytutu zawodowego i technicznego w Kamerunie, który opierał się wyłącznie na systemie francuskim. Twierdzą oni, że studenci anglojęzyczni nalegali na to, aby problem wykluczenia studentów anglojęzycznych z uczelni zawodowych i technicznych mógł być rozwiązany jedynie poprzez stworzenie instytutów opartych na systemie angielskim[36].

Według Elizabeth AMBANG AKUM , filmy telewizyjne i programy pierwotnie sporządzone w języku angielskim są pokazywane w Kamerunie dopiero po ich dubbingu na język francuski i tylko w wersji francuskiej. Wspominają, że czas nadawania w Radiu i Telewizji jest nierównomiernie podzielony między programy angielskie i francuskie. Tak więc anglofoni doszli do wniosku, że z treści i języka programu, Kameruńskie Radio i Telewizja (CRTV) jest przeznaczony tylko dla frankofonów[37].

Infrastruktura drogowa

Rząd anglojęzycznego Kamerunu prowadził politykę utrzymania dróg w każdej pogodzie. W tym celu wybrukował szczególnie trudne tereny, takie jak wzgórza Supe i Sabga, a także ulice głównych miast w każdej dzielnicy administracyjnej. Rządy frankofonów nie utrzymały tych dróg, a co gorsza, wyburzyły to, co zostało zrobione. Pod pretekstem ponownego ich wykonania (smołowanie było przed zjednoczeniem), zniszczyli je, zrywając asfalt i pozostawiając w złym stanie, jak drogi Kumba-Mbonge lub Kumba-Tombell. Tak więc teraz, w porze deszczowej, ulice Kumby, gospodarczej stolicy południowo-zachodniej prowincji, są tylko polem błota, podczas gdy w porze suchej, ulice Nkambe na północnym zachodzie i Kumby w południowo-zachodnim regionie pokryte są 30 cm warstwą pyłu. W ciągu 32 lat niepodległości, rząd nie zwiększył sieci, która istniała w anglojęzycznym Kamerunie przed zjednoczeniem. Kilka kilometrów łączących most Mungo z Tiko, Wiktorię z Idenau i Mikołaja z Bamendą zostało zbudowanych przede wszystkim po to, by służyć interesom gospodarczym i handlowym frankofonów oraz ułatwić dostęp do obiektów, które prowadzą i kierują Frankofonami. Ndian, którego instalacje morskie produkują ropę naftową, nie ma dróg.

---

[36] Ibid. str. 26.
[37] Ibid. str. 26.

Dwukrotnie anglofonowie byli świadkami wspaniałych uroczystości upamiętniających, z wielką pompą i ceremonią, otwarcie placu budowy na drodze Kumba-Mamfe; do tej pory ta droga nie została jeszcze zbudowana, prezydent Ahidjo nigdy nie zainaugurował budowy na nieutwardzonym odcinku. Zrobił to pierwszy i ostatni raz w Mamfe. Ostatnio to właśnie pan Paul Biya zapowiedział, że osobiście będzie śledził budowę obwodnicy Prowincji Północno-Zachodniej: do tej pory nie ma żadnych oznak rozpoczęcia prac.[38].

Zaniedbanie dróg w anglojęzycznym Kamerunie miało katastrofalne skutki społeczne i ekonomiczne dla mieszkańców Wum i Nkambe przez Kumbę, Mamfe i Bamendę. Stosując swoją politykę celowego zniewalania narodu, bracia francuskojęzyczni nie utrzymali jej; zamiast tego rozwinęli połączenie Douala-Bafoussam, aby zmusić mniejszość anglojęzyczną do przejścia przez ich terytorium, od Bamendy do Buea czy Victorii[39].

Blokady drogowe

Wydaje się, że dla frankofonów normalne i dopuszczalne jest posiadanie setek policyjnych, żandarmeryjnych lub celnych blokad drogowych na anglojęzycznych drogach regionu. Sprawiają, że ten kraj jest obcy dla anglofonów. Między Bamendą a Victorią jest około 35 punktów kontrolnych. Ta niepotrzebna przeszkoda w swobodnym przepływie towarów i osób jest bezużyteczna, ponieważ wykroczenia drogowe rzadko trafiają do sądu. To, co na początku było prawdopodobnie chwalebnym celem, zostało zredukowane do systemu opłat drogowych prowadzonego przez policję za milczącą zgodą rządu[40].

D. Marginalizacja ekonomiczna

Grabieże i plądrowanie gospodarki anglojęzycznej

Narzucenie tej formy jednolitego, niekonstytucyjnego i nielegalnego rządu miało na celu rozbicie instytucji anglojęzycznego państwa (ustawodawczego, wykonawczego, sądowniczego, policyjnego itd.), ale także grabież i zniszczenie ich gospodarki:

---

[38] Oświadczenie złożone na spotkaniu anglojęzycznego Kongresu w Buea w dniach 2 i 3 kwietnia 1993 r., s. 144.

[39] Ibid. str. 144-145.

[40] Ibid. str. 145.

- Kolejne rządy francuskojęzyczne konsekwentnie wykorzystują swoje zasoby naturalne, w szczególności ropę naftową i drewno;

- zniszczyły one efektywny system, który Anglojęzyczny Kamerun ustanowił przed uzyskaniem niepodległości w celu finansowania małych i średnich przedsiębiorstw za pośrednictwem takich organizacji jak Zachodniokamerunska Agencja Rozwoju lub Bank Kamerunski. Oni zabili system bankowy;

- Okradli oni West Cameroon Marketing Board, który Anglojęzyczny Kamerun stworzył przed uzyskaniem niepodległości i zawłaszczyli sobie ogromne rezerwy, szacowane na ponad 78 miliardów franków, całkowicie bezkarnie;

- Zamknęli oni West Cameroon Power Company (POWERCAM), a wraz z nim nasze źródło taniej energii wodnej w Yoke i zmusili anglofonów do zbliżenia się do swoich źródeł. W pozycji monopolisty i w poszukiwaniu maksymalnego zysku sprawiły, że południowi Kameruńczycy zapłacili wysoką cenę. Całkowicie zniszczyli swoje obiekty hydroelektryczne, zamiast utrzymywać je jako zapasowe źródła energii, i przejęli aktywa POWERCAM;[41]

- Udało im się wywierać nacisk na firmy anglojęzyczne i utrzymać wyłączną kontrolę nad biznesem i finansami; ustalili warunki kredytu i kontroli dostępu do instytucji finansowych, zarówno publicznych, jak i prywatnych. W wyniku tego zniknęły znane firmy anglojęzyczne, takie jak Fomenky's Direct Suppliers, Niba Automobile, Nangah Compagny, Kilo Bros i Che Company, ponieważ nie mogły uzyskać kredytu;

- Zamknęli oni zakłady rolno-przemysłowe, takie jak Santa Coffee Estate, a później Wum Area Development Authority i obang Farm Settlement;

- zamknęli porty i lotniska w części anglojęzycznej. Obecne nieutrzymane lotnisko w Bamendzie, z niedokończonymi budynkami i nieodpowiednim wyposażeniem, nie może zrekompensować utraty swoich lotnisk, międzynarodowego lotniska w Tiko, międzynarodowego lotniska w Besongabang i lotniska w Bali, lotniska w Weh, portu morskiego w Victorii, portu śródlądowego w Mde lub wspaniałego w Ndianie. Zamknęli Cameroon Air Transport (CAT), linię lotniczą należącą do anglofonów. Zgodnie z prawem ofiary tych przestępstw pozostawały bezsilne ze względu na brak ram prawnych umożliwiających dochodzenie i uzyskanie odszkodowania;

---

[41] Ibid.p.143.

- pozbawiły one Anglika prawa do kontroli nad planowaniem przestrzennym i utrzymania wysokich standardów zdrowia publicznego, które dominowały w anglojęzycznych miastach. Zniszczyli oni system samorządu lokalnego i ulepszyli rady, które zostały ustanowione przez anglojęzycznych anglojęzycznych Kamerunów. Dziś duże miasta (Mamfe, Kumba, Tiko, Nkambe, Wum, Victoria, itd.), których działalność handlowa była prosperująca, są zredukowane do miast-duchów. Jednak żadne frankofońskie miasto nie doświadczyło takiego postępu: rozwijają się[42].

Ważnym aspektem tej dyskryminacji jest względne zapóźnienie w rozwoju regionu anglojęzycznego, które wyjaśnia, że nie skorzystał on odpowiednio z ich bogatych zasobów, zwłaszcza ropy naftowej odkrytej w 1973 roku u wybrzeży Zachodniego Kamerunu. Dalej wspomina, że publiczna korporacja naftowa SONARA jest w większości obsadzona przez frankofonów, mimo że wydobycie, produkcja i przetwarzanie ropy odbywa się w anglojęzycznym Kamerunie. Również dochody i podatki pochodzące z ropy naftowej są płacone państwu bezpośrednio w Jaunde w rejonie frankońskim. To w szczególności stworzyło świadomość wśród anglojęzycznej populacji, która obecnie czuje się zrekolonizowana i zepchnięta na margines, a tym samym postrzegana jest jako drugorzędny obywatel własnego kraju. Ponadto anglojęzyczni Kameruńczycy odczuli skutki wycofania się hrabstwa ze wspólnego dobrobytu, gdy utraciło ono preferencje dotyczące wspólnego dobrobytu w odniesieniu do niektórych produktów eksportowych z jego obszaru. Bardzo ucierpieli producenci bananów, którym zezwolono na wywóz swoich produktów do Wielkiej Brytanii. Ponadto, otwarcie połączeń drogowych i kolejowych oraz usunięcie barier celnych między Wschodem i Zachodem oznaczało w efekcie szybki upadek dwóch głównych portów Kamerunu Zachodniego - Victorii i Tiko oraz rozwój portu Douala we francuskojęzycznym Wschodzie[43].

Elizabeth Ambang Akum :

> "Wyjaśnia, że Kamerunska Korporacja Rozwoju (C.D.C.) jest największym i jednym z najstarszych przedsiębiorstw rolno-przemysłowych w kraju, znajdującym się na południowym zachodzie". Jest drugim co do wielkości po rządzie pracodawcą siły roboczej i specjalizuje się w różnorodnych uprawach. Cztery z jego upraw to guma, olej

---

[42]Ibid. s. 143-144.

[43] Elizabeth Ambang Akum , THE ANGLOPHONE PROBLEM IN CAMEROON: POLITICAL REPRESENTATION AND SOCIO--ECONOMIC DEVELOPMENT, Faculty of Social Science, Master's Thesis in Development Studies, Lund University, May 2009,p. 24-25.

palmowy, herbata i banany. Ma on ogromne znaczenie dla rozwoju regionalnego i w dużej mierze przypisuje się mu to, że w anglojęzycznym Kamerunie miał miejsce jakikolwiek rozwój społeczno-gospodarczy. Tworzyła miejsca pracy, dostarczała wodę, budowała szkoły i szpitale, budowała drogi. Jako taka została ona nazwana ekonomiczną linią życia Anglofonu Kamerunu. Odkryliśmy również rolę państwa we wspieraniu różnych wskaźników rozwoju gospodarczego, zwłaszcza poprzez szybką industrializację. Wynika to z faktu, że państwo podejmuje i wdraża decyzje o tym, jak powinny być umiejscowione zasoby danego kraju i jego siła robocza dla jego przemysłu. Tak więc wraz z rosnącym sukcesem tego przedsięwzięcia w zachodnim Kamerunie, rząd miał włożyć więcej środków, aby rozszerzyć zasięg i poprawić rozwój tego obszaru, ale było odwrotnie. Ogłoszenie przez rząd prywatyzacji tego ważnego przedsiębiorstwa rolno-przemysłowego w 1994 r. było szokującą wiadomością dla Anglofonów i promowało gwałtowne działania protestacyjne wśród anglojęzycznych Kameruńczyków, którzy postrzegali to jako główną formę marginalizacji, biorąc pod uwagę fakt, że przedsiębiorstwo radziło sobie całkiem dobrze pomimo kryzysów gospodarczych i oferowało im tak wiele"[44].

Wszystkie istniejące partie, stowarzyszenia i grupy nacisku utworzyły zjednoczony front, aby oprzeć się decyzji rządu. Tak tam być silny protest marsz organizować Anglophone ruch potępianie prywatyzacja C.D.C robić Biya reżim swój decyzja na C.D.C prywatyzacja. Ruch protestu prywatyzacyjnego jest jednym z ostatnich wydarzeń w anglojęzycznym Kamerunie, który boleśnie uświadomił reżimowi Biya rosnącą jedność i determinację anglofonów w ich walce o zadośćuczynienie za marginalizację i podporządkowanie ich regionu w ramach frankofońskiego państwa zdominowanego[45].

[44] Ibid. str. 25.
[45] Ibid. str. 25-26.

ROZDZIAŁ III

TAKTYKA STOSOWANA PRZEZ AHIDJO I BIYA W CELU POGŁĘBIENIA KRYZYSU ANGLOFOŃSKIEGO

Upolitycznienie kryzysu i radykalizacja jego bohaterów wynika głównie z reakcji rządu (zaprzeczanie, lekceważenie, zastraszanie i represje), spadku zaufania między Anglofonami a rządem oraz wykorzystywania kwestii tożsamości przez podmioty polityczne, które pogłębiły urazę społeczeństwa do tego stopnia, że prawdopodobnie większość anglofonów uważa obecnie powrót do federalizmu, a nawet secesji, za jedyną możliwą drogę wyjścia z kryzysu[46]. CPDM działa poprzez handel możliwościami zatrudnienia, zamówieniami publicznymi i państwowymi na rzecz wsparcia ze strony lokalnych elit. Dystrybucja zasobów i mianowanie urzędników służby cywilnej jest w dużej mierze funkcją lojalności reżimu, podczas gdy nie jest ona jedynie wynikiem korupcji. System ten prowadzi do powstania wysoce nieefektywnej administracji publicznej, w której inicjatywa i efektywność stale zajmują drugie miejsce po korupcji i nieprzejrzystości. W centrum sieci stoi wszechmocny, ale dziwnie nieobecny prezydent, który udoskonalił praktyki centralizacji odziedziczone po swoim poprzedniku. Sama jego nieobecność jest częścią mistyki władzy, która z czasem doprowadziła do rozczarowania obywateli zdezorientowanych arbitralnym charakterem rządzenia. Decyzje o jakimkolwiek znaczeniu muszą być podpisywane na najwyższych szczeblach, wiele z nich przez samego prezydenta. Biorąc pod uwagę jego długie i częste nieobecności w Europie, oznacza to, że nowe inicjatywy często pozostają na uboczu. Reżim nadal funkcjonuje w ramach jednopartyjnej mentalności państwowej. Służba cywilna, wojsko, policja, służby celne, sądownictwo, nawet sektor zdrowia i edukacji są mocno upolitycznione. CPDM nie postrzega siebie jako grupy politycznej odrębnej od państwa, tymczasowo u steru stałego podmiotu. Promuje on dezorientację partii rządzącej i państwa, aby sprzeciw wobec CPDM był równoznaczny z wywrotem. Urzędnicy służby cywilnej są zachęcani do postrzegania siebie jako służących zarówno partii, jak i państwu. Krytyka partii jest uważana za bezpatriotyczną i istnieje silny opór wobec bezstronnego systemu wyborczego. System dystrybucji zasobów wykracza poza służbę cywilną, a na najniższych szczeblach społeczeństwa ubóstwo sprawia, że wierność partii staje się koniecznością dla przetrwania[47]. System ten, skoncentrowany na pozornie wszechmocnej prezydencji i działający poprzez partię rządzącą, daje powierzchowne wrażenie jedności. Ale w rzeczywistości reżim jest obdarzony ledwie zamaskowanymi szczelinami. Jedna linia podziału jest etniczna. Istnieje powszechne przekonanie, do pewnego stopnia oparte na rzeczywistości, że grupa etniczna Beti w Biya zajmuje kluczowe stanowiska, zwłaszcza w siłach bezpieczeństwa (wojsko, żandarmeria, gwardia prezydencka i inne ważne jednostki) oraz w ministerstwach obrony i finansów. Stamtąd są w stanie wykorzystać wiele możliwości wzbogacenia się, tworząc nowego "biurokratycznego" bogatego. Korzenie tej etnicznej nierównowagi tkwią w reakcji Biyi na próbę zamachu stanu z kwietnia 1984 roku. Przekonana, że północni Ahidjo są za spiskiem, Biya ostro rozprawiła się z północną społecznością. Siły bezpieczeństwa aresztowały ponad 1000 osób i dokonały wielu pozasądowych zabójstw. Wiele elit z południa wzięło to za sygnał, że moc Biji zależy od ich wsparcia. Uważa się, że Biya ma

---

[46]International Crisis Group, "Cameroon's Anglophone Crisis at the Crossroads", Africa Report N°250 | 2 sierpnia 2017.

[47] Grupa Kryzysowa, "Kamerun. Kruche państwo? "Sprawozdanie dotyczące Afryki nr 160 z dnia 25 maja 2010 r., s. 16.

słuchać nieformalnego stowarzyszenia Beti znanego jako "Essingan Group", które wywiera na niego presję, aby zapewnić Beti uprzywilejowany dostęp do miejsc pracy i zasobów. Ostatnie działania antykorupcyjne "Krogulec" (*Opération Epervier*) są odpowiedzią prezydenta Biyi na pojawienie się konkurencyjnych prądów w partii rządzącej, umożliwiając mu egzekwowanie lojalności poprzez wysoce upolitycznione oskarżenia baronów reżimu. Jest ona również częściowo motywowana przez presję zewnętrzną, a częściowo przez reakcję na niezadowolenie społeczne. Chociaż operacja Epervier zyskała pewną popularność, jest szeroko i słusznie postrzegana jako napędzana politycznie, ponieważ wszystkie decyzje prokuratorskie należą do prezydenta. Podejście Biji jest potencjalnie niebezpieczne dla jego własnej pozycji, ponieważ zapewniając element kontroli, ten popęd korupcyjny grozi również zaostrzeniem złamań reżimu i pozbawieniem CPDM zasobów. kooperacja tradycyjnych szefów do władzy państwowej jest podstawą funkcjonowania partii rządzącej. Od 1977 roku oficjalnie zatrudnia się ich jako państwowych "pomocników". W ten sposób reżim, podobnie jak wcześniejsze władze kolonialne, tworzy, przetwarza lub kooptuje (pseudo) tradycyjny statek-lider, w zależności od kontekstu lokalnego[48].

A. Dzielić i rządzić

Wśród mechanizmów, które mamy do czynienia z podziałem i rządzeniem, rząd podjął próbę podziału anglofonów, wykorzystując istniejące sprzeczności między elitą południowo-zachodnią i północno-zachodnią. Jedną z różnorodnych taktyk Biji jest mianowanie mieszkańców Południowego Zachodu na kluczowe stanowiska w odpowiedzi na ich częste skargi dotyczące dominacji Północnego Zachodu nad ich prowincją. Biya starał się wykorzystać swoich sojuszników wśród anglojęzycznej elity do obrony jednolitego państwa w zamian za nagrody w postaci nominacji, a więc dla tych, którzy szukali ochrony jako mniejszości, ceną do zapłacenia byłoby zagłosowanie na Kamerunski Ruch Ludowo-Demokratyczny (CPDM), który jest partią Biya i partią rządzącą[49]. Biya, podobnie jak jego poprzednik, próbował podzielić anglofonów, często wykorzystując istniejące sprzeczności między elitami północno-zachodnimi i południowo-zachodnimi. Niektóre z tych ostatnich zostały powołane na kluczowe stanowiska w swojej prowincji w odpowiedzi na skargi dotyczące dominacji północno-zachodniej. Na przykład Peter Mafany Musonge zastąpił Johna Niba Ngu na stanowisku dyrektora generalnego CDC, Dorothy Njeuma została mianowana wicekanclerzem nowo utworzonego anglojęzycznego uniwersytetu w Buea, a Becky Ndive została przeniesiona z Yaounde! do kierowania kameruńską stacją Radio-Television (CRTV)

[48] Grupa Kryzysowa, "Kamerun. Fragile State?", Africa Report N°160, 25 May 2010,s.16-17.
[49] Elizabeth Ambang Akum, ANGLOPHONE PROBLEM IN CAMEROON: POLITICAL REPRESENTATION AND SOCIO--ECONOMIC DEVELOPMENT, Faculty of Social Science, Master's Thesis in Development Studies, Lund University, May 2009, s.32.

na południowym zachodzie. Ponadto Biya wykorzystał swoich anglojęzycznych sojuszników do obrony państwa unitarnego, a niektórzy z nich zostali odpowiednio wynagrodzeni za swoje usługi. Rzeczywiście, wielu obwinia przywódców ruchów anglojęzycznych za ich "demagogiczne i nieodpowiedzialne" apele o federalizm lub secesję i kwestionuje ich twierdzenie, że są "rzecznikami" angielskojęzycznej społeczności, co prowadzi do poważnych konfrontacji między tymi dwoma obozami[50].

W 1992 r. Simon Achidi Achu, z regionu północno-zachodniego, i Ephraim Inoni, z regionu południowo-zachodniego, zostali mianowani odpowiednio premierem i zastępcą sekretarza generalnego w ramach prezydencji Republiki. Peter Abetty, John Ebong Ngolle, John Niba Ngu, Francis Nkwain, Peter Agbor Tabi i Samuel Ngeh Tamfu, mogą również oczekiwać, że będą członkami delegacji, które są regularnie wysyłane z Jaunde w celu zakwestionowania roszczeń kierownictwa ruchów anglojęzycznych i obrony jednolitego państwa. Należy jednak zauważyć, że polityka Biya polegająca na przydzielaniu anglofonom prestiżowych stanowisk w aparacie państwowym również sprzyjała wewnętrznej konkurencji między tymi uprzywilejowanymi sojusznikami. W rzeczywistości mieszkańcy południowego zachodu nadal mają poczucie, że nie są dostatecznie reprezentowani w najwyższym rządzie offices i nieustannie domagają się, aby polityk z ich prowincji zastąpił Achidi Achu na stanowisku premiera. Kiedy więc we wrześniu 1996 r. mianowano człowieka z południowego zachodu, Petera Mafany Musonge, który przejął władzę od Achidi Achu na stanowisku premiera i więcej ludzi z południowego zachodu zostało utrzymanych na kluczowych stanowiskach w gabinecie niż ludzie z północnego zachodu, ci pierwsi podobno "oszaleli z podniecenia i radości i głośno chwalili głowę państwa" za to, że w końcu wysłuchali okrzyku rozpaczy ludzi z południowego zachodu, którzy przez ponad 36 lat "byli skazani na peryferie polityki krajowej i rozwoju społeczno-gospodarczego". Mówiąc słowami samego Musonge, to jest "pierwszy raz w naszej historii jako zjednoczonego narodu, który został mianowany premierem South Westerner", mieszkańcy South Westerner musieli "zjednoczyć się, aby ożywić drugie polityczne przebudzenie w Prowincji South West" i "wzmocnić naszą pozycję i siłę przetargową". Na swoim kongresie RDPC w grudniu 1996 r. Paul Biya jeszcze bardziej wzmocnił pozycję mieszkańców Południowego Zachodu, przyjmując ich do centralnego komitetu partii więcej niż mieszkańców Północnego Zachodu; a 22-osobowe biuro polityczne

[50] PIET KONINGS and FRANCIS B. NYAMNJOH, The Anglophone Problem in Cameroon, The Journal of Modern African Studies, (1997), s. 224-225.

utworzone po kongresie obejmowało dwóch mieszkańców Południowego Zachodu (John Ebong Ngolle i Dorothy Njeuma) i tylko jednego z nich (Samuel Ngeh Tamfu)[51].

B. Wspólna tożsamość

Rząd często starał się minimalizować podział na anglo-frankofonię, podkreślając istnienie wspólnej tożsamości pod niemieckimi rządami kolonialnymi i oficjalne uznanie we wszystkich postkolonialnych konstytucjach dwujęzycznego i wielokulturowego charakteru Kamerunu. Ponadto, aby przekonać swoich krajowych i międzynarodowych przeciwników, że kamerunska polityka dwujęzyczności odniosła sukces, Biya twierdził w 1999 r., że tendencje secesjonistyczne przejawiają się jedynie w maleńkiej mniejszości anglojęzycznej i że jest gotów wezwać do referendum, jeśli zajdzie taka potrzeba[52].

C. Represja

Dążąc do całkowitej własności i kontroli nadawania i mediów, państwo przez lata osłabiało solidarność i wolność wśród anglofonów. Większości strategii stosowanych przez rząd w celu dekonstrukcji tożsamości anglofońskiej towarzyszyły zazwyczaj okrutne represje wobec ludności anglofońskiej i jej działalności. Partie opozycyjne, takie jak SDF i LDA, były nadal narażone na zastraszanie przez państwo i przemoc. Było też wiele innych przypadków przemocy i zastraszania Anglofonów, ponieważ wiele z ich demonstracji i strajków organizowanych przez różne stowarzyszenia anglofonów i grupy nacisku zostało stłumionych przez wojska rządowe. Powyższe punkty stanowiły przeszkodę w walce anglofonów o równy status[53]. Nie pozwoliła ona zebranym na odbycie posiedzenia AAC I na terenie Uniwersytetu w Buea w 1993 r., jak również innych posiedzeń AAC, a w roku następnym usiłowała przeszkodzić w organizacji AAC II, ponieważ uczestnicy zebrali się "w Bamendzie w celu ogłoszenia secesji". Przywódcy ruchów anglosaskich są zazwyczaj nękani przez siły bezpieczeństwa, grożeni aresztowaniem i poddawani ograniczeniom w podróżowaniu. Represje nasiliły się wraz z rosnącym zagrożeniem proklamowaniem niepodległego Kamerunu Południowego, a wiece i demonstracje SCPC są zakazane w prowincjach anglojęzycznych

[51] PIET KONINGS and FRANCIS B. NYAMNJOH, The Anglophone Problem in Cameroon, The Journal of Modern African Studies, (1997), s. 227-228.
[52]Elizabeth Ambang Akum , THE ANGLOPHONE PROBLEM IN CAMEROON: POLITICAL REPRESENTATION AND SOCIO--ECONOMIC DEVELOPMENT, Faculty of Social Science, Master's Thes in Development Studies, Lund University, May 2009,s.33-34.
[53]Elizabeth Ambang Akum, ANGLOPHONE PROBLEM IN CAMEROON: POLITICAL REPRESENTATION AND SOCIO--ECONOMIC DEVELOPMENT, Faculty of Social Science, Master's Thesis in Development Studies, Lund University, May 2009, s.34.

officially. Pomimo zastraszającej obecności dużej liczby sił bezpieczeństwa, działania SCNC były jednak kontynuowane; na przykład podczas tak zwanych "wycieczek uczulających" do ośrodków miejskich w anglojęzycznym Kamerunie, gdy przywódcy organizacji informowali mieszkańców miast o swoim programie i strategii, wojsko często nie mogło powstrzymać ich przed wjazdem do miast i zwróceniem się do tłumów. Wojsko nie mogło również zapobiec "referendum w sprawie podpisania" przeprowadzonemu we wrześniu 1995 r., kiedy to 300.000 anglofonów odrzuciło państwo unitarne na rzecz całkowitej i natychmiastowej niepodległości[54].

W okresie od grudnia 2017 r. do czerwca 2018 r. w trakcie ostatnich brutalnych represji rządu w południowo-zachodnim regionie Kamerunu aresztowano 15 osób, w tym rozmieszczenie wojska w regionach anglojęzycznych oraz nieproporcjonalne użycie siły w związku z protestami przeciwko marginalizacji anglofonów w kraju. Osoby te to Tati Eric Ngu, Harris Boseme, Nkwetato Robert, Ikoe Clinton, Acha Ivo Aben, John Marinus Ndenge, Oben Frankline Tabot, Eyond Charles, Effia Gideon, Awu Gregory Ashu, Tanyi Robert Tatw, Jong Orlandus, Njeya Jukius Bawe, Ayukem Franklin i Fonjong Armstrong. Trzy inne osoby, Ordema Francis, Agbor Taku Joseph i Kum Nestor, odbywały już wyroki niezwiązane z kryzysem anglofońskim. Są oni oskarżani o komunikowanie się z grupami w związku z protestami. Nasze źródła wskazują, że czternaście z tych osób było przetrzymywanych w więzieniu Buea Central w południowo-zachodnim regionie Kamerunu, a kolejne cztery były przetrzymywane w Secret d'Etat a la defense (SED), siedzibie żandarmerii w Jaunde. Około 2 lipca 2018 r. wszystkie one zostały przeniesione do "Kosowa", które jest częścią więzienia o zaostrzonym rygorze w Kondengui w Jaunde. Zatrzymane osoby były trzymane w ścisłych łańcuchach i rzekomo poddawane torturom przez strażników[55]. W dniu 17 stycznia 2017 r. Minister Administracji Terytorialnej i Decentralizacji podpisał rozporządzenie ministerialne zakazujące wszelkiej działalności CACSC i Rady Narodowej Południowego Kamerunu (SCNC) na całym terytorium kraju. Nkongho Agbor Balla (adwokat i prezes Anglophone Consortium), Fontem Neba Aforteka'a (University of Buea), Paul Ayah Abine (Supreme Court justice) i Mancho Bibixy (lider protestów trumiennych w Bamendzie). Inni przywódcy uciekli z kraju lub ukryli się. Tego samego dnia rząd zamknął również usługi internetowe w dwóch regionach anglojęzycznych. Regiony działały bez Internetu przez 93 dni, aż do 20 kwietnia

---

[54] PIET KONINGS and FRANCIS B. NYAMNJOH, "The Anglophone Problem in Cameroon", The Journal of Modern African Studies, (1997), s. 228-229.
[55] Lawyers' Rights Watch Canada (LRWC), *Kamerun: Arbitralne zatrzymanie anglofonów w Kamerunie.* | *List*, czwartek, 10 lipca 2018 r., https://www.lrwc.org ' cameroon-arbitrary-detention-of...

2017 r., kiedy to usługi zostały przywrócone. Przerwa w dostawie usług internetowych znacznie zaszkodziła gospodarce kraju, a dostawcy usług internetowych ponieśli duże straty. Firmy zostały zrujnowane, osoby uczące się na odległość zostały odsunięte na bok, a więzi społeczne zostały zerwane. Niektórzy nazywali siebie "uchodźcami internetowymi", ponieważ musieli pokonać setki kilometrów do "cyfrowych sanktuariów" w regionach francuskojęzycznych, aby uzyskać dostęp do Internetu. Jeśli w ogóle, to zawieszenie usług internetowych znacznie wzmocniło poczucie wykluczenia w społeczności anglojęzycznej. W dniu wprowadzenia zakazu konsorcjum przeniosło swoją działalność za granicę, gdzie inni nadal organizowali i prowadzili protesty antyrządowe oraz wydawali wytyczne dla ludności, aby angażować się w obywatelskie nieposłuszeństwo[56].

[56] ReliefWeb, *The Anglophone* Dilemma *in Cameroon*, 21 lipca 2017, https://reliefweb.int ' report ' anglophone-dilemma-ca...

ROZDZIAŁ IV

ROSNĄCA PRESJA RUCHU ANGLOFONICZNEGO NA RZECZ ZAKOŃCZENIA KRYZYSU

Kiedy w 1990 roku ponownie wprowadzono system wielopartyjny, to właśnie w regionie anglojęzycznym powstał Front Socjaldemokratyczny (SDF), pierwsza partia opozycyjna. Te ostatnie prowadziły kampanię "martwych miast", w ramach której zamykano przedsiębiorstwa i zachęcano do obywatelskiego nieposłuszeństwa w celu uzyskania krajowej konferencji. Po wyborach w 1992 r., które były naznaczone licznymi oszustwami, Paul Biya pozostał prezydentem Kamerunu, a następnie zorganizował w 1993 r. forum na temat reformy konstytucyjnej; wcześniej delegaci anglojęzyczni spotkali się na Konferencji Wszechanglojęzycznej (AAC), która zgromadziła 5.000 osób. Drugi AAC został zwołany w 1994 r. i oznaczał ustanowienie Rady Anglofonicznej, która natychmiast zmieniła nazwę na Południową Radę Narodową Kamerunu (SCNC), której celem było wynegocjowanie z administracją Paula Biyi "przywrócenia, w ramach zrestrukturyzowanej Federalnej Republiki Kamerunu, autonomii terytorium - Południowych Kamerunów - i narodu - Południowych Kameruńczyków - oraz zakończenia ich aneksji przez Republikę Kamerunu". Slogan SCNC to "siła argumentu, a nie argument siły". W latach 1992-1995 regularnie monitorowano wezwania anglojęzycznych organizacji do powszechnej mobilizacji w formie strajków, bojkotów i demonstracji. Reforma konstytucji Kamerunu doprowadziła w 1996 roku do powstania koncepcji "zdecentralizowanego, jednolitego państwa".[57].

Konferencja "All Anglophone" (AAC)

Według Elizabeth AMBANG AKUM, po liberalizacji politycznej powstało kilka stowarzyszeń i grup nacisku elit anglojęzycznych, które miały reprezentować i bronić ich interesów. Wspomnieli oni, że niektóre grupy nacisku to Kamerunski Ruch Anglofoniczny (CAM), Konferencja Wszystkich Anglofonów (AAC), Kameruńskie Stowarzyszenie Nauczycieli (TAC), Konfederacja Anglojęzycznego Stowarzyszenia Rodziców i Nauczycieli (CAPTAC) oraz Kameruńskie Stowarzyszenie Studentów (CANSA). W 1993 r. zmusili oni rząd do stworzenia Ogólnej Rady Edukacji (GCE) w obszarze anglojęzycznym i udało im się to osiągnąć. Oznaczało to ważne zwycięstwo dla anglofonów w ich dziesięcioletniej walce. Te

[57] Bern-Wabern , *Kryzys w anglojęzycznym Kamerunie,* 25 września 2018 r., s.8-9.

grupy nacisku i stowarzyszenia promowały demonstracje, strajki i bojkoty w walce z dominującym nad Frankofonią państwem unitarnym[58].

Konferencja All Anglophone, która powstała i w marcu 1993 r. odbyła swoje pierwsze spotkanie w Buea, stolicy południowo-zachodniej prowincji, w celu przyjęcia wspólnego stanowiska anglofońskiego w sprawie reform konstytucyjnych i zbadania kilku innych spraw związanych z ich dobrobytem i pomyślnością. Nadal wspominają, że w deklaracji z Buea wymieniono wiele skarg dotyczących dominacji frankofońskiej i wezwano do powrotu do kraju związkowego. Przejście od federalizmu do secesji zostało przyjęte podczas drugiego ogólnoanglojęzycznego kongresu, który odbył się w Bamendzie od 29 do 2 maja 1994 r., a delegaci tego samego kongresu głosowali za zastąpieniem (AAC) Krajową Radą Kamerunów Południowych (SCNC)[59].

Rada Narodowa Południowego Kamerunu (SCNC)

Elizabeth Ambang Akum oświadczyła, że wznowione próby rozpoczęcia negocjacji z rządem Biji zakończyły się niepowodzeniem, ponieważ po prostu zignorował on listę rezolucji delegatów z Kamerunu Południowego upoważnionych przez SCNC w listopadzie 1994 roku. Wspominają oni, że 7 października 1995 r. władza wykonawcza SCNC jednogłośnie przyjęła program niepodległościowy dla Południowych Kamerunów. Przywódcy anglojęzyczni podjęli usilne starania w celu uzyskania międzynarodowego poparcia dla autonomii swojego terytorium, wysyłając misje do wybranych krajów Afryki, Europy i Ameryki Północnej; nawiązali korespondencję z sekretariatem ONZ i biurem Common Wealth, a także złożyli wniosek o członkostwo w Organizacji Narodów i Ludzi Niereprezentowanych (UNPO) w Hadze. (UNPO ściśle współpracuje z ONZ i aktywnie uczestniczy w procesie, który doprowadził do niepodległości Timoru Wschodniego)[60]. Większość przywódców SCNC uważała, że może ona odegrać podobną rolę w przypadku południowych Kamerunów. Przywódcy ONZ byli coraz bardziej zaniepokojeni możliwością wybuchu konfliktu etniczno-regionalnego w Afryce Zachodniej i podczas swojej wizyty w Kamerunie w maju 2000 r. sekretarz generalny ONZ, Kofi Anan, na konferencji prasowej wezwał do dialogu między

[58] Elizabeth Ambang Akum , *The anglophone problem in Cameroon: political representation and socio-- economic development*, Faculty of Social Science, Master's Thesis in Development Studies, Lund University, maj 2009,s.29.
[59] Ibid. str. 29.
[60] Ibid. str.30.

przywódcami frankofonów i anglofonów. SCNC byli gotowi do dialogu, ale Biya zrobiła im głuche ucho[61].

Według Elizabeth Ambang Akum, kampania uczulająca na przywódców anglojęzycznych odniosła w latach 1992-1995 spory sukces, ale od 1995 roku kampania uczulająca na przywódców anglojęzycznych utknęła w martwym punkcie. Nadal wspominają, że jednym z najważniejszych powodów jest rezygnacja ojców założycieli z przywództwa SCNC, po czym partii zabrakło kompetentnego i zaangażowanego kierownictwa. Doprowadziło to do powstania konfliktu w ramach ruchów anglojęzycznych między tymi, którzy nadal trzymali się wynegocjowanego rozdziału od francuskiego Kamerunu, a tymi, którzy doszli do wniosku, że niepodległość Południowych Kamerunów zostanie osiągnięta jedynie poprzez walkę zbrojną[62]. Od połowy lat 90. organizacje anglojęzyczne stały się bardziej usystematyzowane, zwłaszcza dzięki powstaniu Ligi Młodzieży Południowych Kamerunów (SCYL), która, w przeciwieństwie do SCYL, nie wykluczała walki zbrojnej. W 1997 roku, po nieudanej próbie kradzieży materiałów wybuchowych z fabryki przez członków SCYL, lider Ebenezer Akwanga został uwięziony. W odpowiedzi członkowie zaatakowali placówki wojskowe i cywilne: oficjalny raport donosi o trzech ofiarach śmiertelnych wśród żandarmów i siedmiu wśród atakujących. Ta frakcjonalizacja ruchów zbiega się w czasie z osłabieniem mobilizacji społecznej, chociaż w 1999 roku działacz SCNC Frederick Alobwede Ebong wykorzystał narodową stację radiowo-telewizyjną w Buea do ogłoszenia niepodległości Federalnej Republiki Kamerunów Południowych (FRSC). W 2000 r. zostało zwołane zgromadzenie konstytucyjne FRSC, które przyjęło flagę i hymn. W tym samym roku cztery główne organizacje anglojęzyczne - SCNC, SCYL, Ambazonian Movement (AM) i Southern Cameroons Restoration Movement (SCARM) - połączyły siły w celu osiągnięcia niezależności anglojęzycznego Kamerunu. Podczas gdy w kolejnych latach następowały po sobie apele o niepodległość, mobilizacja społeczna na rzecz tej sprawy pozostawała słaba do roku 2016[63].

Utworzone w 2017 r. Konsorcjum Południowy Kamerun Ambazonia Consortium United Front (SCACUF) skupia byłych liderów SCNC i opowiada się za pokojową walką o secesję anglojęzycznego Kamerunu. Członek SCACUF Julius Sisiku Ayuk Tabe został ogłoszony prezydentem Ambazonii 1 października 2017 roku, a następnie aresztowany przez nigeryjskie organy ścigania podczas pobytu w Abudży w styczniu 2018 roku i poddany

---

[61] Ibid. str.30.
[62] Ibid. str.30.
[63] Bern-Wabern , *Kryzys w anglojęzycznym Kamerunie,* 25 września 2018 r., s.9.

ekstradycji wraz z 46 innymi bojownikami o niepodległość: rząd Kamerunu ogłosił wówczas, że "grupa 47 terrorystów,[w tym] Ayuk Tabe, jest od kilku godzin w rękach kameruńskiego sądownictwa". Ci 47 pro niepodległościowych działaczy jest przetrzymywanych w odosobnieniu do czerwca 2018 roku, kiedy to rząd zezwala im na spotkania z prawnikami i delegatami Międzynarodowego Komitetu Czerwonego Krzyża[64].

Należy zauważyć, że w tym momencie istniały dwie grupy: Rada Zarządzająca Amazonii (AGC) i Liga Młodzieży Kamerunów Południowych, które propagowały użycie broni i ostrzegały, że wysyłanie ludzi na proklamację niepodległości spowoduje ich śmierć. Podczas pogłębiającego się kryzysu w październiku 2017 r. wyłoniły się co najmniej cztery uzbrojone grupy niepodległościowe: Siły Obrony Ambazonii (ADF), na czele z Cho Lucasem Ayabą na uchodźstwie i Benedyktem Nwana Kuah, Południowe Kameruńskie Siły Obrony (SOCADEF), na czele z Ebenezerem Derekiem Mbongo Akwangą, skrócona homonimiczna grupa SCDF, z Nso Foncha Nkem na czele, oraz Armia Odbudowy Ambazonii, na czele z Ayambą Peterem. Inne grupy zbrojne mają mniejszą liczbę członków, od dziesięciu do trzydziestu: wśród nich są Tygrysy Ambazońskie, Żmije i Siły Ambalandzkie. W dniu 11 lutego 2018 r. w Waszyngtonie spotyka się sześciu przedstawicieli, którzy tworzą Ambazonia Recognition Collaboration Council (ARCC) pod przewodnictwem Cho Lucasa Ayaby[65].

Inne podmioty anglojęzyczne

Kilku anglojęzycznych aktorów, wielu z nich bliskich federalistom, podjęło inicjatywy. Najbardziej wiarygodna wydaje się być anglojęzyczna konferencja generalna oraz inicjatywy stowarzyszeń kobiecych, takich jak grupa zadaniowa ds. kobiet z południowego i północnego zachodu. W lipcu 2018 roku kardynał Christian Tumi, były arcybiskup Douala, oraz trzech protestanckich i muzułmańskich przywódców religijnych zwołało Konferencję Generalną Anglofonu jako forum przygotowań do dialogu narodowego. Ideą było stworzenie przestrzeni dla różnych podmiotów anglojęzycznych, aby spróbować osiągnąć porozumienie w kwestiach, które powinny znaleźć się w programie takiego dialogu, oraz w kwestii tego, kto będzie reprezentował regiony anglojęzyczne. Duża część anglofonów, w tym niektórzy federaliści z diaspory, popierają taką konferencję i przyczynili się do pokrycia jej kosztów. Kardynał Tumi szybko zebrał potrzebne fundusze (55.000 dolarów)[66].

---

64 Ibid. str. 13.

65 Ibid.p.13.

66 INTERNATIONAL CRISIS GROUP, Cameroon's Anglophone Crisis: How to Get to Talks? , Sprawozdanie dotyczące Afryki nr 272 | 2 maja 2019 r., s.14.

Organizatorzy konferencji spotkali się jednak z opozycją ze strony Jaunde i separatystów. Musieli ją przełożyć z sierpnia na listopad 2018 roku, a następnie na marzec 2019 roku; konferencja nie odbyła się, ale organizatorzy nie wyznaczyli jeszcze nowego terminu. Niektórzy separatyści wystosowali groźby śmierci do jednego z organizatorów. Oprócz powodów ideologicznych (odmowa rozmowy z rządem, który ich zdaniem jest okupantem), separatyści w diasporze obawiają się szczególnie, że jeśli konferencja się odbędzie, stracą pozycję lidera anglojęzycznej opozycji na rzecz działaczy w kraju[67]. Aby konferencja miała szansę odbyć się teraz, po upływie terminu marcowego, organizatorzy muszą zapewnić rząd i separatystów o swoich zamiarach. Według kardynała, separatyści mogą zgodzić się na konferencję pod warunkiem, że doprowadzi ona do referendum w sprawie federalizmu lub niepodległości; IG wysłał nawet przedstawicieli na posiedzenie przygotowawcze w Douala w dniu 29 września 2018 roku[68]. Co więcej, silna presja międzynarodowa może doprowadzić do zmiany postawy rządu. Od września zachodnie ambasady w Jaunde, zwłaszcza UE i USA, wyraziły swoje polityczne poparcie dla konferencji. Aby nie być postrzeganym jako stwarzający przeszkody dla inicjatyw pokojowych, wydaje się, że rząd wykorzystuje środki pośrednie w celu powstrzymania konferencji, takie jak niewydawanie niezbędnych zezwoleń. Jednak dla niektórych dyplomatów przesłuchanie kardynała Tumi w lutym 2019 r. przez premiera i w kwietniu przez dyrektora gabinetu prezydenckiego może być zapowiedzią zbliżającego się otwarcia rządu z jego inicjatywy[69].

Od 2018 r. stowarzyszenia kobiet, takie jak grupa zadaniowa ds. kobiet z południowego i północnego zachodu, mobilizują się na rzecz dialogu i innych konkretnych kwestii. W sierpniu 2018 roku dziesiątki kobiet z tych dwóch regionów skrytykowały przemoc wobec kobiet i dzieci oraz politykę bojkotu szkół narzuconą przez separatystów i wezwały do dialogu. Mobilizacja ta przyniosła pewne rezultaty, skłaniając na jakiś czas IG do zmiany stanowiska w sprawie bojkotów szkolnych. Związek ten wydaje się być tolerowany przez rząd, w tym przez urzędników anglojęzycznych, którzy nie postrzegają go jako zagrożenia[70]. Od momentu powstania w 2018 r. oficjalnie zachęca do podejmowania wszelkich inicjatyw mających na celu nadanie regionom autonomii (decentralizacja i federalizm). Co więcej, jest on również

---

[67] INTERNATIONAL CRISIS GROUP,Cameroon's Anglophone Crisis: How to Get to Talks?, Africa Report N°272 | 2 May 2019,s.14.

[68] INTERNATIONAL CRISIS GROUP,Cameroon's Anglophone Crisis: How to Get to Talks?, Africa Report N°272 | 2 May 2019,s.14-15.

[69] INTERNATIONAL CRISIS GROUP,Cameroon's Anglophone Crisis: How to Get to Talks?, Africa Report N°272 | 2 May 2019,p.15.

[70] INTERNATIONAL CRISIS GROUP,Cameroon's Anglophone Crisis: How to Get to Talks?, Africa Report N°272 | 2 May 2019,p.15.

doceniany przez ambasady zachodnie, szczególnie te w Kanadzie i UE. Ściśle współpracuje z organizatorami Anglojęzycznej Konferencji Generalnej. Ale na razie, niezależnie od haseł, działania te ograniczają się prawie wyłącznie do podnoszenia świadomości[71].

[71] INTERNATIONAL CRISIS GROUP,Cameroon's Anglophone Crisis: How to Get to Talks?, Africa Report N°272 | 2 May 2019,p.15.

ROZDZIAŁ V

PODMIOTY UCZESTNICZĄCE W KRYZYSIE ANGLOJĘZYCZNYM

Kryzys anglojęzyczny, ma swoje korzenie w różnych dziedzinach. Istnieją podmioty odpowiedzialne za kryzys, wśród których znajdują się ruchy separatystyczne. Jednak niektóre partie opozycyjne odegrały kluczową rolę albo w zaproponowaniu rozwiązań, albo w potępieniu nieaktywnego stanowiska rządu w sprawie rozwiązania kryzysu. Zwłaszcza Kościół, kościół rzymskokatolicki, prezbiterian, kościół baptystów i społeczność muzułmańska wzywały rząd do umożliwienia im mediacji w kryzysie, ale odpowiedź zawsze była negatywna. Nie zapominając o mediach, które rozpowszechniają informacje, aby ostrzec świat o kryzysie anglojęzycznym.

A. Rola Kościoła katolickiego i innych wyznań

Aby skuteczniej powstrzymać powstanie i zapobiec ryzyku wojny domowej w anglojęzycznym Kamerunie, Kościół katolicki musi przezwyciężyć wewnętrzne nieporozumienia lub, w przeciwnym razie, znaleźć wspólną płaszczyznę do stworzenia wizerunku bezstronności. Kilku komentatorów wezwało Kościół do mediacji pomiędzy walczącymi ze sobą stronami, tak jak to miało miejsce w krajach sąsiednich, w tym w Demokratycznej Republice Konga i Republice Środkowoafrykańskiej. Jeśli ma odgrywać tę rolę, Kościół musi unikać zajmowania zdecydowanego stanowiska w głównych kwestiach, które dzielą bohaterów. W tej perspektywie przydatne byłoby, aby biskupi anglojęzyczni i frankofońscy spotkali się i wydali wspólne oświadczenie, w którym zadeklarowaliby swoją neutralność w najbardziej drażliwych kwestiach, w szczególności tej przeciwnej federalizmowi i decentralizacji, uznając, że poczucie marginalizacji anglofonów jest do pewnego stopnia uzasadnione, potępiając łamanie praw człowieka i wzywając wszystkie strony do zachowania powściągliwości. Mogliby wtedy być gotowi do odegrania roli mediatora w kryzysie. Szczegóły tej mediacji powinny być określone w kamerze. Takie podejście mogłoby zwiększyć zaufanie społeczne (szczególnie w obszarach anglojęzycznych) do Kościoła, jednocześnie pomagając odwrócić uwagę od radykalnych i skłaniających do podziałów stanowisk niektórych kapłanów[72].

[72]INTERNATIONAL CRISIS GROUP , *The English speaking crisis in Cameroon: how the Catholic Church can encourage dialogue*, Crisis Group Africa Briefing N°138 Nairobi/Brussels, 26 kwietnia 2018, s.7.

Ostatecznie, bezpośrednie rozmowy między głównymi bohaterami są najlepszą nadzieją na uniknięcie eskalacji. Ale obecna przemoc i podziały pozostawiają im małe szanse na sukces w najbliższej przyszłości, nawet w obecności mediatorów. Najrozsądniejszym podejściem dla Kościoła, jeśli może on zająć pozycję bezstronnego arbitra, byłaby rozmowa z każdą ze stron oddzielnie, aby zrozumieć ich różnice zdań i czerwone linie. Według źródeł Crisis Group takie konsultacje mogą być już prowadzone, choć w sposób rozproszony. Należy je wzmocnić poprzez lepszą koordynację między biskupami, tak aby zaangażowani w nie ludzie mogli wypowiadać się w imieniu całego Kościoła; Kościół mógłby potencjalnie stanowić prom dyplomatyczny, mający na celu poprawę wzajemnego zrozumienia i zbliżenie obu stron w ramach przygotowań do bezpośrednich negocjacji. W tym celu byłoby pożyteczne, aby Kościół współpracował z innymi wyznaniami, w szczególności z wpływowym Kościołem Prezbiteriańskim, który wyraził chęć odegrania pewnej roli i już teraz ściśle współpracuje z Kościołem katolickim w tej kwestii. Mogłaby ona również obejmować konwencję baptystów kameruńskich, a także wiarygodnych tradycyjnych przywódców i stowarzyszenia społeczeństwa obywatelskiego. Zanim jeszcze rozpoczną się jakiekolwiek bezpośrednie rozmowy, Kościół prawdopodobnie będzie musiał zająć się kwestią wygnania anglojęzycznych aktywistów. Wielu z nich chce wrócić do swojego kraju, ale oczywiście obawia się uwięzienia przez rząd anglojęzycznych działaczy. Kościół mógłby prosić o jakąś formę amnestii, o uwolnienie więźniów i gwarancje dla tych, którzy wrócą, być może w zamian za zawieszenie broni przez anglojęzyczne bojówki zbrojne[73].

Nie można z góry określić dokładnego programu ewentualnych rozmów między osobami anglojęzycznymi protestującymi a rządem. Ale nawet wstępne dyskusje muszą uwzględniać głębokie poczucie wyobcowania anglofonów. Rząd nie może dalej ignorować tego sentymentu i musi być przygotowany na debatę o federalizmie, nawet jeśli nie jest to jedyna możliwość rozwiązania problemów anglofonów (decentralizacja dająca rzeczywistą władzę regionom byłaby już dużym krokiem naprzód). Kwestia separatyzmu jest bardziej delikatna. Coraz więcej działaczy ma już dość tego, co postrzegają jako złą wiarę Jaunde, i opowiadają się za tą opcją (którą zwykle nazywają "przywróceniem niezależności"). Ale to pozostaje czerwoną linią dla Jaunde, a wspieranie secesji pozostaje równoznaczne ze zdradą. Jednocześnie ruchy separatystyczne ustabilizowały się na miejscu i po prostu nie mogą być ignorowane. Nadal nie jest pewne, czy szczery dialog między rządem a postaciami anglojęzycznego protestu oraz prawdziwa decentralizacja czy federalizm mogą zdusić te ruchy.

---

[73] Ibid. s. 7-8.

Jednak bez rozmów i pewnej formy przekazania władzy regionom, w tym anglojęzycznym, nastroje separatystyczne prawdopodobnie będą nadal rosły, a konflikt będzie się nasilał, co może przerodzić się w wojnę domową[74].

Od początku konfliktu, Konferencja Episkopatu Narodowego Kamerunu (CENC) wypowiadała się w imieniu Kościoła katolickiego, najbardziej wiarygodnej instytucji w kraju, aby wezwać do dialogu i powstrzymania przemocy[75]. Przy kilku okazjach wzywał rząd do podjęcia wysiłków na rzecz zrozumienia frustracji anglofonów i ich żądań większej autonomii. Kościół również zaoferował się do mediacji, ale rząd nie przyjął tej propozycji. Dwa razy w 2018 r. Konferencja Episkopatu poprosiła o audiencję u Prezydenta Republiki w celu omówienia kryzysu anglojęzycznego, ale na próżno[76]. Kościół pozostaje podzielony pomiędzy profederalizmem Biskupów anglojęzycznych i biskupów frankońskich, którzy preferują decentralizację lub regionalizm. Wśród frankofońskich duchownych niektórzy biskupi w Centrum, na południu i wschodzie kraju (gdzie Prezydent Republiki ma silne wpływy) są bliscy rządowi i hamują inicjatywy podejmowane przez Konferencję Episkopatu i innych biskupów[77].

W lutym 2019 r. Watykan zaproponował, że podejmie się mediacji (za pośrednictwem swojego ministra spraw zagranicznych). W marcu nuncjusz apostolski przekazał list papieża Franciszka do prezydenta Biya, zachęcając go do poszukiwania pokojowych i trwałych rozwiązań kryzysu anglojęzycznego[78].

Inni rzymscy aktorzy katoliccy

Spośród wszystkich inicjatyw kościelnych, oferta mediacji złożona przez wspólnotę Sant'Edigio wydaje się być najbardziej poważana przez głowę państwa Kamerunu, zwłaszcza że jest ona wspierana przez papieża. Urzędnicy tej katolickiej organizacji pozarządowej spotkali się z prezydentem Biya w kwietniu 2019 roku i oficjalnie zaproponowali mediację. Ten ostatni był najwyraźniej otwarty na ten pomysł, ale nie zatwierdził go formalnie. Podobno przyznał się do pewnych błędów w zarządzaniu na początku kryzysu w 2016 i 2017 roku i

---

[74]Ibid. str.8.
[75] Crisis Group Africa Briefing N°138, Cameroon's Anglophone Crisis: How the Catholic Church Can Promote Dialogue, 25 kwietnia 2018.
[76] Wywiady grup kryzysowych, zachodni dyplomaci, biskupi, Jaunde i Douala, październik 2018.
[77] Wywiady grup kryzysowych, księża, Yaoundé i Douala, październik 2018.
[78] "Secesja w Kamerunie: Watykan oferuje swoją pomoc w wydostaniu Kamerunu z anglojęzycznego kryzysu", Journal du Cameroun, 26 lutego 2019.

najwyraźniej nie wykluczył regionalizmu (dużej decentralizacji) jako rozwiązania pośredniego[79].

Kameruńskie Stowarzyszenie na rzecz Dialogu Międzywyznaniowego (Cameroonian Association for Interfaith Dialogue)

Inne stowarzyszenia religijne podjęły inicjatywy mające na celu promowanie dialogu. W szczególności Kameruńskie Stowarzyszenie na rzecz Dialogu Międzywyznaniowego (ACADIR) od roku stara się zainicjować inicjatywę mediacji międzywyznaniowej w celu znalezienia pokojowych rozwiązań konfliktu. Ale to zadanie o herkulesowych proporcjach. Stworzenie konsensusu pomiędzy wszystkimi wyznaniami religijnymi w kwestii anglofońskiej jest prawie niemożliwe, zwłaszcza że nie ma takiego konsensusu w obrębie różnych wyznań. Co więcej, ACADIR cieszy się poparciem rządu, ale nie wzbudza większego zaufania wśród federalistycznych i separatystycznych działaczy anglojęzycznych. Wreszcie, jego projekt jest realizowany równolegle z projektem anglofońskiej Konferencji Generalnej, która już teraz skupia przedstawicieli różnych wyznań religijnych w regionach anglofońskich[80]. Wreszcie, jego projekt jest realizowany równolegle z projektem anglofońskiej Konferencji Generalnej, która już teraz skupia przedstawicieli różnych wyznań religijnych w regionach anglofońskich.

B. Rola partii opozycyjnych

Front Socjaldemokratyczny (SDF):

Założona w 1990 roku w Bamendzie, ta partia polityczna powstała w następstwie anglojęzycznej frustracji wobec dominującej frankofońskiej elity politycznej i epoki politycznej liberalizacji lat 90. ubiegłego wieku. Dawniej rządzona przez charyzmatycznego lidera Johna Fru Ndi, partia ta zawsze była bezpośrednią opozycją wobec CPDM. SDF był kiedyś głównym obrońcą roszczeń anglojęzycznych. Z czasem jednak niektórzy anglofoni twierdzili, że partia ta stała się bardziej partią krajową niż anglojęzyczną. Od początku konfliktu SDF wywierała nacisk na rząd Biia, aby przerwał milczenie i podjął dialog z anglojęzycznymi protestującymi. Mimo to, partia jest przeciwna secesji regionu. Po wyborze nowego prezydenta Joshua Oshi, który jest również kandydatem w krajowych wyborach prezydenckich w

[79] Wywiady telefoniczne grupy kryzysowej, zachodni dyplomaci i księża, kwiecień 2019.

[80] Kryzysowe grupowe wywiady telefoniczne, dyplomata, urzędnik ACADIR, działacze anglojęzyczni, styczeń 2019.

październiku, partia potwierdziła, że myśli o federalizmie, aby położyć kres anglofońskiemu niezadowoleniu[81].

26 listopada 2017 roku John FruNdi spotkał się z prezesem anglojęzycznego konsorcjum społeczeństwa obywatelskiego, Agborem Ballą, Simonem Munzu i księciem Ekosso, aby przedyskutować potencjalne pokojowe rozwiązania i stworzyć narodowy dialog. jako główna partia opozycyjna CPDM, SDF nie waha się wskazać na niezdolność Biji do radzenia sobie z kryzysem. Niezadowolenie z anglofonii na przestrzeni lat i ponowne pojawienie się kryzysu jest jednym z głównych argumentów, które partia wykorzystuje do zdyskredytowania obecnej administracji. Jak wspomnieliśmy wcześniej w naszym procesie śledzenia skarg anglojęzycznych, popularność SDF zawsze była na jego szczycie, gdy pojawiły się roszczenia anglojęzyczne. Ciekawe jest jednak, czy istnieje pewność, że takie zjawisko będzie się powtarzać podczas zbliżających się wyborów prezydenckich[82].

Front Rozwoju Ludowego (PDF)

PDF jest nową partią w kameruńskim krajobrazie politycznym. Jest to początkowo ruch o nazwie TERAZ, który skupia stowarzyszenia społeczeństwa obywatelskiego i inne partie polityczne. Jego przewodniczącym i kandydatem jest Akere Muna, pochodzący z regionów anglojęzycznych, syn byłego premiera regionu anglojęzycznego, Salomona Tabeng Muna. Anglojęzyczny prawnik i postać walki z korupcją, trzymał się z daleka od polityki, ale w wieku 65 lat postanowił wyruszyć na wyścig. Akere Muna ma duże wpływy za granicą, dzięki swojemu doświadczeniu w Transparency International, gdzie był wiceprezesem, lub dzięki swoim wcześniejszym stanowiskom przewodniczącego Pan African Lawyers Union (UPA) i Rady Gospodarczej, Społecznej i Kulturalnej Unii Afrykańskiej[83]. Podobnie jak inne opozycyjne partie polityczne, PDF obawia się o obalenie rządu Biji i systemu, który ustanowiła. Jej kandydat Akere Muna wyraził wolę skoncentrowania się na walce z korupcją, bezrobociem i klientelizmem. Ponadto kandydat podzielił się swoimi obawami dotyczącymi przejrzystości i wykonalności zbliżających się wyborów. Oświadczył, że chciałby mieć co najmniej 15 członków swojego zespołu w każdym z 30000 lokali wyborczych, aby zapewnić uczciwość głosowania . Kryzys anglojęzyczny ma znaczenie dla Akere Muna. Rzeczywiście, pochodząc z regionów anglojęzycznych pozycjonuje się on jako kandydat, który jest bardziej zdolny do

---

[81]Jules Roger, Sombaye Eyango, "Inside the Virtual Ambazonia": Separatyzm, mowa nienawiści, dezinformacja i diaspora w kameruńskim kryzysie anglofonicznym" (2018).Prace magisterskie. 1158. https://repository.usfca.edu/thes/1158, str.38.
[82] Ibidem, str. 38.
[83]Ibid. str. 38-39.

zrozumienia twierdzeń anglojęzycznych. W rozmowie z Jeune Afrique Muna powiedział: "Jedyną osobą, która poradzi sobie z secesjonistami jest anglojęzyczny prezydent". Kandydat wyraźnie opowiedział się przeciwko separatyzmowi i jako Joshua Oshi, kandydat SFD, opowiada się za narodowym dialogiem w celu rozwiązania konfliktu[84].

Kamerunski Ruch Odrodzenia (CRM)

Założony w 2012 roku i prowadzony przez Maurice'a Kamto, byłego członka CPDM i urzędnika państwowego, CRM jest stosunkowo popularny w Zachodnim Kamerunie. Były minister sprawiedliwości (2004-2011), Maurice Kamto, wybitny profesor prawa, jest znany z tego, że nadzorował rozstrzygnięcie sporu między swoim krajem a Nigerią o półwysep Bakassi. Kilka razy po jego utworzeniu partia wyraziła swoje obawy dotyczące anglofonu, twierdząc, że jego populacja ma burzliwe relacje z rządem Kamerunu. Niestety, według Kamto, rząd nie usłyszał dzwonka alarmowego MRC, a w listopadzie 2016 roku wybuchł "kryzys anglojęzyczny". Od chwili wybuchu kryzysu Prezydent Republiki, który na mocy Konstytucji jest ucieleśnieniem jedności narodowej, strażnikiem Konstytucji, gwarantem integralności terytorium, trwałości i ciągłości państwa, powinien był udać się do zainteresowanych Regionów, aby uspokoić ludność, wysłuchać bezpośrednio ich żądań w celu zapewnienia najbardziej odpowiednich rozwiązań dla ich nieszczęścia w Narodzie[85]. Podobnie jak inni przywódcy opozycji, Kamto wykorzystuje niezdolność Biyi do radzenia sobie z kryzysem jako silny argument, by zdyskredytować go i jego rząd. Jako rozwiązanie kryzysu CRM proponuje utworzenie delegacji politycznej, w skład której wejdą duchowni, tradycyjni szefowie i przedstawiciele parlamentu, którzy będą mieli za zadanie nawiązanie dialogu między ludnością regionów anglojęzycznych a rządem. Jak widzimy, główne partie opozycyjne i przywódcy polityczni mają wspólny cel, którym jest zakończenie rządów w Biya. Wszystkie one służą stworzeniu krajowego dialogu w celu zarządzania konfliktem. Po ogłoszeniu oficjalnej daty wyborów niektórzy liderzy opozycji wspomnieli o swoim zamiarze utworzenia koalicji, aby móc obalić popularność CPDM. Jednak zamiary te nie zostały jeszcze uzgodnione z działaniami. Niedawno poproszony o zbudowanie koalicji opozycyjnej z Maurycym Kamto (CRM) i Akere Muna (PDF), kandydat Joshua Osih, pochodzący z Kumby, wolał podupaść[86].

Zdominowana przez frankofonów opozycja zareagowała na kryzys późno i nieśmiało. Kamerunski ruch renesansowy (Mouvement pour la renaissance du Cameroun), Ruch

---

[84]Ibidem, s. 39.
[85]Ibidem, s. 39-40.
[86]Ibidem, s. 40.

Jedenaście milionów obywateli, Ruch Teraz i Kamerunska Partia Ludowa krytycznie odnoszą się do złego zarządzania kryzysem przez rząd. W przeważającej części popierają regionalizm, z wyjątkiem Ruchu Teraz, który popiera federalizm dziesięciu państw. Kameruński Ruch Odrodzenia i Kamerunska Partia Ludowa są najlepiej zorganizowane i wspierane przez te grupy. Zapewniają one wsparcie materialne dla przesiedleńców i uchodźców oraz organizują strajki i marsze obywatelskie w regionach frankońskich na rzecz ludności anglojęzycznej, ale uczestniczy w nich niewielu frankofonów[87].

C. Presja ze strony krajów zachodnich

Rola USA

Stany Zjednoczone były najsurowsze w stosunku do rządu Kamerunu. Departament Stanu wydał pierwsze oświadczenie w grudniu 2016 r., a następnie pięć innych, potępiając naruszenia praw człowieka i zwracając się do rządu o lepsze rozważenie roszczeń anglofonów do autonomii. W maju 2018 roku ambasador USA w Kamerunie potępił siły bezpieczeństwa palące wioski na terenach anglojęzycznych. Kongres Stanów Zjednoczonych jest również zaniepokojony sytuacją i przeprowadził dwa przesłuchania (w Komisji Praw Człowieka Toma Lantosa i w Komisji Spraw Zagranicznych Izby) w sprawie Kamerunu w czerwcu 2018 roku. Członkowie Kongresu odegrali ważną rolę w wywieraniu nacisku na Departamenty Stanu i Obrony w celu zmniejszenia pomocy wojskowej USA dla kameruńskich sił bezpieczeństwa. Niektórzy senatorowie, tacy jak Richard Durbin, Ben Cardin, Amy Klobuchar, Elizabeth Warren i Kamala Harris zamierzają ocenić, czy rząd USA powinien nałożyć dodatkowe warunki na pomoc w zakresie bezpieczeństwa oraz zwrócić się do niego o wprowadzenie sankcji wobec osób, co do których stwierdzono, że dopuściły się rażących naruszeń praw człowieka[88].

Stany Zjednoczone również wyraziły swoje stanowisko i obawy związane z tym konfliktem. Stany Zjednoczone zdecydowanie potępiły łamanie praw człowieka3 . Kraj ten wezwał również władze Kamerunu i Nigerii do przestrzegania zobowiązań wynikających z prawa międzynarodowego w zakresie powstrzymania się od przymusowych powrotów osób ubiegających się o azyl do kraju pochodzenia, zwłaszcza osób ubiegających się o azyl

[87] INTERNATIONAL CRISIS GROUP,Cameroon's Anglophone Crisis: How to Get to Talks?, Africa Report N°272 | 2 May 2019,p.17.

[88] INTERNATIONAL CRISIS GROUP,Cameroon's Anglophone Crisis: How to Get to Talks?, Africa Report N°272 | 2 May 2019,p.18.

przebywających obecnie w Nigerii. Na początku maja 2018 roku ambasador USA w Kamerunie wyraził swoje obawy dotyczące reakcji rządu na kryzys. Potępił "politykę celowych zabójstw", "aresztowania bez dostępu do adwokata, rodziny czy Czerwonego Krzyża", a także istnienie "wsi spalonych i splądrowanych przez rząd" na obszarze[89]anglojęzycznym. Ambasador potępił również przemoc separatystów, podkreślając "zabójstwa żandarmów, porwania urzędników i pożary szkół". USA mają interesy, które mogą zagrozić niestabilności w Kamerunie. Rzeczywiście, od 1960 roku Stany Zjednoczone i Kamerun ściśle współpracują w ważnych dziedzinach, takich jak demokracja i sprawowanie rządów, bezpieczeństwo regionalne, ochrona środowiska, zdrowie i rozwój gospodarczy. Oba kraje są również partnerami handlowymi i podpisały umowy o wolnym handlu, takie jak dwustronny traktat inwestycyjny (BIT)[90].

Rola Zjednoczonego Królestwa

Stany Zjednoczone nie są jedynym krajem, który wyraża swoje obawy związane z kryzysem anglojęzycznym. Konflikt ten przykuł również uwagę Wielkiej Brytanii. Kwestia ta została poruszona w Izbie Gmin przez posłankę Jessicę Morden, która podróżowała po tym regionie. Wyraziła swoje zaniepokojenie sytuacją uchodźców uciekających z Nigerii. W odpowiedzi minister ds. Afryki potwierdził stanowisko Zjednoczonego Królestwa, które ma promować dialog w konflikcie, jak również zakończenie przemocy w regionie. Niektóre firmy brytyjskie są zainteresowane stabilnością regionów anglojęzycznych. Rzeczywiście, w 2015 r. grupa energetyczna Tower Resources podpisała partnerstwo z National Hydrocarbons Society, aby dzielić się korzyściami z eksploatacji ropy naftowej w basenie Rio Del Rey, wokół południowo-zachodniego regionu Kamerunu[91].

D. Wpływ organizacji międzynarodowych i regionalnych

Organizacja Narodów Zjednoczonych

Na szczeblu wielostronnym na pierwszym planie znajduje się ONZ. Biuro Regionalne ONZ ds. Afryki Środkowej wydało oświadczenia, a Sekretarz Generalny zadzwonił do Paula Biya. ONZ poprosiła obie strony o zagwarantowanie dostępu pomocy humanitarnej do stref dotkniętych konfliktem, zakończenie przemocy i zgodę na dialog. Zaoferowała ona swoje dobre usługi na potrzeby mediacji. Jednak kwestia anglojęzyczna nie pojawiła się jeszcze w porządku

[89] Jules Roger, Sombaye Eyango, "Inside the Virtual Ambazonia": Separatyzm, mowa nienawiści, dezinformacja i diaspora w kameruńskim kryzysie anglofonicznym" (2018).Prace magisterskie. 1158. https://repository.usfca.edu/thes/1158,p.42
[90]Ibid. s. 42-43.
[91] Ibid. str. 43.

obrad Rady Bezpieczeństwa z powodu nieporozumień między stałymi członkami i lobbingu kameruńskich dyplomatów. Niestali członkowie, tacy jak Holandia i Norwegia, starali się o umieszczenie jej w porządku obrad Rady Bezpieczeństwa nawet w ramach Any Other Business (AOB), ale nie byli w stanie uzyskać wymaganej minimalnej liczby głosów (9/15). Chiny, Rosja, Francja i kraje afrykańskie (Gwinea Równikowa, Etiopia i Wybrzeże Kości Słoniowej) głosowały przeciw. Inne kraje, w tym Wielka Brytania, wstrzymały się od głosu. Stany Zjednoczone były za, ale nie próbowały wpływać na inne kraje. Debata na ten temat ograniczyła się zatem do prywatnych dyskusji[92]. Jednak w listopadzie 2017 r. Rada Bezpieczeństwa rzeczywiście przeprowadziła szczegółową dyskusję na temat kryzysu anglojęzycznego podczas odbywającego się dwa razy w roku przesłuchania specjalnego przedstawiciela Sekretarza Generalnego ds. Afryki Środkowej. Przedstawiciele USA, Wielkiej Brytanii i innych krajów zachodnich złożyli zdecydowane oświadczenia i zażądali dostępu do regionów anglojęzycznych dla ONZ i organizacji praw człowieka, przeprowadzenia dochodzeń w sprawie naruszeń oraz natychmiastowego dialogu między rządem Kamerunu a separatystami[93].

U N powinno się zaangażować w następujący sposób:

- Rada Bezpieczeństwa ONZ powinna zwrócić się do Sekretarza Generalnego ONZ o przekazanie informacji na temat sytuacji w Kamerunie, zażądać zaprzestania łamania praw człowieka i wyraźnie zaznaczyć, że dalsze nadużycia mogą prowadzić do ukierunkowanych sankcji, w tym wobec osób, które są wiarygodnie zamieszane w poważne naruszenia;

- Wdrożenie programu "Human Rights Up Front", w tym na poziomie zespołu krajowego, poprzez priorytetowe traktowanie ochrony praw człowieka w anglojęzycznej reakcji na kryzys oraz poprzez wymianę informacji w ramach regionalnych przeglądów miesięcznych;

- Sekretarz Generalny ONZ powinien podnieść kwestię sytuacji w Kamerunie w rozmowach z Radą Bezpieczeństwa ONZ jako sytuację, która może zagrażać międzynarodowemu pokojowi i bezpieczeństwu. Rada Praw Człowieka powinna upoważnić do przeprowadzenia dochodzenia w sprawie naruszeń i nadużyć za pośrednictwem misji wysłanej przez Wysokiego Komisarza ds. Praw Człowieka lub wspólnego sprawozdania sporządzonego w ramach odpowiednich procedur specjalnych oraz zachęcić Kamerun do współpracy w ramach takiego dochodzenia i ułatwienia dostępu do dotkniętych obszarów;

- Praw Człowieka i odpowiednie procedury specjalne powinny monitorować sytuację i regularnie informować Radę Praw Człowieka;

[92] INTERNATIONAL CRISIS GROUP,Cameroon's Anglophone Crisis: How to Get to Talks?, Africa Report N°272 | 2 May 2019,s. 20.

[93] INTERNATIONAL CRISIS GROUP,Cameroon's Anglophone Crisis: How to Get to Talks?, Africa Report N°272 | 2 May 2019,p.20.

- Przeprowadzenie odpowiedniej kontroli bezpieczeństwa wszystkich kameruńskich sił bezpieczeństwa, które mają dołączyć do operacji pokojowych ONZ i wykluczyć wszystkie osoby lub jednostki podejrzewane o łamanie praw człowieka zgodnie z polityką ONZ dotyczącą należytej staranności w zakresie praw człowieka[94].

Unia Afrykańska

A U powinno odgrywać następującą rolę:

- Wezwanie rządu Kamerunu i wszystkich zbrojnych separatystów do zaprzestania wszelkich ataków na ludność cywilną i ułatwienia natychmiastowego wznowienia nauki;

- Specjalni sprawozdawcy Afrykańskiej Komisji Praw Człowieka i Narodów Zjednoczonych ds. praw uchodźców, osób ubiegających się o azyl, migrantów i osób wewnętrznie przesiedlonych powinni zwrócić się z prośbą o zaproszenie do złożenia wizyty w Kamerunie i publicznego sprawozdania na temat sytuacji.[95]

UA zajęła bardziej dyskretne stanowisko w sprawie kryzysu anglojęzycznego, chociaż wielu afrykańskich i zachodnich dyplomatów chciałoby, aby odgrywał on większą rolę. Na razie tylko Afrykańska Komisja Praw Człowieka i Ludów zdecydowanie potępiła działania rządu. Byli szefowie państw afrykańskich, w tym Olusegun Obasanjo z Nigerii i Jerry Rawlings z Ghany, podkreślali, że rozwiązanie wymaga wszechstronnego dialogu, ale UA nie wydaje się skłonna do wywierania jakiejkolwiek presji na Jaunde. Prawdopodobnie utrzyma to stanowisko w 2019 roku podczas prezydencji egipskiej - rząd egipski uważa, że rola UA nie polega na angażowaniu się w sprawy polityczne państw.[96]

Unia Europejska

Niemniej jednak stanowisko UE uległo ostatnio zmianie. W marcu wysoka przedstawiciel Unii do spraw zagranicznych podniosła ton po aresztowaniu i postawieniu w stan oskarżenia przez trybunał wojskowy w Jaunde głównego przywódcy opozycji, Maurice'a Kamto, oraz 150 członków jego partii Kameruńskiego Ruchu Odrodzenia[97]. W kwietniu

---

[94] H U M A N R I G H T S WATCH, "*These Killings Can Be Stopped*" *Government and Separatist Groups Abuses in Cameroon's Anglophone Regions*, JULY 2018, s.8-9.

[95] Ibid. str.8.

[96] Crisis Group Africa, Cameroon's Anglophone Crisis: How to Get to Talks? , Sprawozdanie nr 272 z dnia 2 maja 2019 r., s. 21.

[97] "Oświadczenie wysokiej przedstawiciel, Federicy Mogherini, w imieniu UE, w sprawie pogarszającej się sytuacji politycznej i bezpieczeństwa w Kamerunie", Europejska Służba Działań Zewnętrznych, 5 marca 2019 r.; Kamerun: "Cameroun: droit, justice et dignité pour Marice Kamto", Le Monde, 1 marca 2019 r.

parlament UE przegłosował rezolucję w sprawie Kamerunu, wzywając rząd Kamerunu do "natychmiastowego uwolnienia Maurice'a Kamto i innych więźniów politycznych", "zaangażowania się w dialog w celu znalezienia pokojowych i trwałych rozwiązań kryzysu anglojęzycznego" oraz "zreformowania prawa wyborczego". Zasugerowała również, że Komisja i państwa członkowskie powinny dokonać ponownej oceny pomocy rozwojowej i pomocy w zakresie bezpieczeństwa dla Kamerunu, jeżeli rząd nie podejmie szybko pozytywnych kroków[98].

Organizacje międzyrządowe

Organizacje międzyrządowe, takie jak Wspólnota Narodów, mają niewielki wpływ lub chęć podjęcia inicjatywy w kwestii anglofonii, chociaż Wspólnota Narodów wydała pewne oświadczenia, a jej sekretarz generalny odwiedził Kamerun w grudniu 2017 roku. Inne, takie jak Wspólnota Gospodarcza Państw Afryki Środkowej (ECCAS), Wspólnota Gospodarcza i Monetarna Afryki Środkowej (EMCCA) oraz Międzynarodowa Organizacja Frankofonii potępiły przemoc, ale mają tendencję do popierania rządu[99].

E. Presja ze strony organizacji pozarządowych

Organizacje pozarządowe działają w terenie, próbując wywrzeć presję na rząd Biji, aby zaprzestał stosowania przemocy w regionie, chronił prawa człowieka i proponował pokojowe rozwiązania. Wśród nich mamy :Human Rights Watch, Amnesty International, International Crisis Group to kilka z nich.

Kameruńskie organizacje pozarządowe, takie jak Central Africa Network for Human Rights (Réseau des droits de l'homme en Afrique centrale) i Un Monde Avenir (A World to Come) potępiły przemoc w regionach anglojęzycznych i wezwały do dialogu. Zaproponowali oni ustanowienie krajowej komisji prawdy i pojednania w sprawie kryzysu anglojęzycznego. Jeśli chodzi o rozwiązania, mają one tendencję do preferowania regionalizmu, w formie kompleksowej decentralizacji[100]. Inicjatywy te mogą w końcu odegrać pewną rolę w rozwiązaniu kryzysu, ale na razie grozi im zamieszanie i osłabienie wpływu inicjatyw, które z większym prawdopodobieństwem znajdą wsparcie u stron, takich jak Konferencja Generalna anglojęzyczna.

F. Rola odgrywana przez kluczowe media

---

[98] "Rezolucja Parlamentu Europejskiego z dnia 18 kwietnia 2019 r. w sprawie Kamerunu (2019/2691 (RSP))", 18 kwietnia 2019 r.; "Aresztowania przeciwników i kryzys angielskojęzyczny w Kamerunie: Parlament Europejski podnosi głos", Jeune Afrique, 19 kwietnia 2019 r.

[99] INTERNATIONAL CRISIS GROUP,Cameroon's Anglophone Crisis: How to Get to Talks?, Africa Report N°272 | 2 May 2019,p.21.

[100] Wywiad Crisis Group, dyrektor Central Africa Network of Human Rights Defenders, Douala, październik 2018.

BBC

Czerwone smoki, tygrysy i siły zbrojne Ambazonii (ADF) - to tylko niektóre z uzbrojonych grup, które pojawiły się, by walczyć o niepodległość w anglojęzycznych częściach Kamerunu, stanowiąc poważne zagrożenie dla bezpieczeństwa niedzielnych wyborów, w których prezydent Paul Biya stara się przedłużyć swoje 36-letnie rządy. Wobec braku wiarygodnych badań opinii publicznej nie można ocenić poziomu ich poparcia, ale brutalne rozprawienie się władz jedynie zepchnęło większą część miejscowej ludności w ramiona separatystów, twierdzą analitycy. Milicja, utworzona w ciągu ostatnich 12 miesięcy, uczyniła wiele małych miast i wsi w dwóch głównych regionach anglojęzycznych, Północno-Zachodnim i Południowo-Zachodnim, "nie do opanowania", co było niewyobrażalne jeszcze kilka lat temu, kameruński analityk z Nigerii Nna-Emeka Okereke powiedział BBC. "Prawdopodobnie mają od 500 do 1000 aktywnych bojowników, ale co ważniejsze, mają morale i determinację do walki o niepodległość tego, co nazywają państwem Ambazonia", powiedział. Milicja odparła próby pokonania ich przez potężną armię kameruńską, w tym jej elitarne, wyszkolone w USA oddziały, z powodu wsparcia, którym dowodzą w obu regionach, powiedział Okereke: "Kobiety będą dla nich gotować, dzielić się z nimi informacjami na temat ruchu wojskowego i, przynajmniej w jednym przypadku, pomogły nawet zwabić żołnierza na jego śmierć w dywizji Manyu [na południowym zachodzie]", powiedział Okereke[101].

Rfi

Zgodnie z raportem RFI w poniedziałek w południowo-zachodnim Kamerunie, w podejrzewanym ataku sił bezpieczeństwa, zginęły co najmniej dwie osoby. Jest to ostatnia tura przemocy, która uderzyła w pozostałe regiony anglojęzyczne przed wyborami prezydenckimi 7 października. Separatyści przysięgli zakłócić kampanię, ale rząd nalega, by sondaże przebiegały pokojowo. Zdjęcia ofiar leżących twarzami do ziemi, pokrytych krwią, zawirusowały w poniedziałek w mediach społecznościowych, wywołując lawinę krytyki wobec władz Kamerunu[102]. Według relacji naocznych świadków obaj mężczyźni zostali podobno zastrzeleni w Buea, w południowo-zachodniej części anglojęzycznego regionu, przez patrolujące ich siły bezpieczeństwa. Tylko w tym roku, według International Crisis Group, w wyniku ataków grup separatystycznych i sił bezpieczeństwa zginęło ponad 400 cywilów,

[101] Farouk Chothia, "Kamerunski kryzys anglojęzyczny": Czerwone smoki i tygrysy - rebelianci walczący o niepodległość", *BBC News*, 4 października 2018 r.

[102] Christina Okello , rfi, 25-09-2018 Zmieniona 26-09-2018 na 19:28.

natomiast grupa prawicowa Amnesty International oskarża wojsko o terroryzowanie anglojęzycznych mieszkańców kraju. "W zeszły piątek zginął mój przyjaciel", mówi Akwinga. "Był nauczycielem i żołnierze zatrzymali go i rozstrzelali samowolnie. To jest to, co dzieje się każdego dnia[103]."

To, co zaczęło się od skargi kilku nauczycieli i prawników na dominację języka francuskiego w szkołach i sądach, dziś przerodziło się w kryzys, który wywołał obawy przed wojną domową i poddał w wątpliwość pewność przeprowadzenia wyborów w Kamerunie, w jego niespokojnych regionach anglojęzycznych. Nasilający się konflikt wywołał exodus ludzi - w tym wyborców. W poniedziałek, podobnie jak w czasie kampanii wyborczej, przedsiębiorcy utknęli w martwym punkcie, pomimo oficjalnej inauguracji w dniu 22 września[104].

Prywatne media w Kamerunie: Journal du Cameroun.com

Journal du Cameroun.com

Wniosek podpisany przez członków parlamentu UE wezwał organy międzynarodowe, takie jak Unia Afrykańska, do udziału i mediacji w konflikcie, bez którego powinien zostać złożony w Radzie Bezpieczeństwa ONZ. Parlament potępił łamanie praw człowieka w regionach anglojęzycznych i wezwał do natychmiastowego przeprowadzenia dochodzenia w sprawie zarzutów dotyczących łamania praw przez kamerańskich żołnierzy. ""Władze Kamerunu (powinny) zapewnić odpowiedzialność za łamanie praw człowieka przez siły bezpieczeństwa oraz przeprowadzić szybkie, dokładne, niezależne i bezstronne dochodzenia w sprawie wszystkich zarzutów dotyczących łamania praw człowieka", oświadczenie[105].

Parlament UE wezwał również do "natychmiastowego uwolnienia nielegalnie przetrzymywanych osób cywilnych i natychmiastowego zaprzestania stosowania procesów wojskowych wobec osób cywilnych i frankofońskich sądów wobec więźniów anglojęzycznych", a także zwrócił się o "natychmiastowe zaprzestanie praktyki więzienia skazanych osób cywilnych w więzieniach z dala od ich rodzin, w których więźniowie w Kamerunie muszą korzystać z opieki medycznej i żywności[106]".

---

[103] Christina Okello , rfi, 25-09-2018 Zmieniona 26-09-2018 na 19:28.
[104] Christina Okello , rfi, 25-09-2018 Zmieniona 26-09-2018 na 19:28.
[105]Journal du Cameroun.com, *Kamerun: Kryzys anglojęzyczny powinien zostać złożony w Radzie Bezpieczeństwa ONZ-UE,* https://www.journalducameroun.com/.../cameroon-anglophone-cri...

[106] Journal du Cameroun.com, Kamerun: Kryzys anglojęzyczny powinien zostać złożony w Radzie Bezpieczeństwa ONZ-UE, https://www.journalducameroun.com/.../cameroon-anglophone-cri...

W sprawie Kameruńskiego Ruchu Odrodzenia Parlament UE wezwał do natychmiastowego uwolnienia profesora Maurice'a Kamto i jego sprzymierzeńców aresztowanych od stycznia i wezwał rząd Kamerunu do poszanowania prawa do zgromadzeń.

The Guardian

Szkoły są centralnym punktem konfliktu, który wybuchł po brutalnej reakcji sił bezpieczeństwa na protesty w październiku 2017 roku, wzywające do używania języka angielskiego w klasach i salach sądowych w kameruńskich regionach anglojęzycznych. Pokojowi demonstranci zostali zastrzeleni i zabici przez siły bezpieczeństwa, niektórzy rzekomo użyli helikopterów szturmowych, a setki ludzi zostało uwięzionych. Od tego czasu coraz bardziej secesyjna walka z francuskojęzycznym rządem w Jaunde przeciwstawia się Siłom Wyzwolenia Ambazonii i innym grupom rebeliantów. Amnestia szacuje, że w ciągu ostatniego roku zginęło 400 zwykłych obywateli, a od końca 2016 roku 160 członków sił bezpieczeństwa[107].

Separatyści wywierali presję na rodziców, aby w ramach bojkotu trzymali swoje dzieci z dala od szkoły, pojawiły się też doniesienia o nalotach i atakach podpaleń w szkołach. Siedmiu uczniów i ich dyrektorka została porwana 3 września z prezbiteryjskiego liceum ogólnokształcącego w Bafut w północno-zachodniej prowincji. Nauczyciel był rzekomo torturowany zanim uczniowie zostali zwolnieni. Dziesiątki tysięcy ludzi uciekło do sąsiedniej Nigerii, a setki tysięcy zostało przesiedlonych wewnętrznie[108].

Ostatnio, w okresie poprzedzającym wybory w przyszłym miesiącu, coraz więcej osób opuszcza miasta i wsie w regionach anglojęzycznych, w obliczu rosnącego zaniepokojenia nasilającymi się atakami. Żołnierze w wielu punktach kontrolnych na drogach poza obszarami anglojęzycznymi przeszukują bagaże uciekających, szukając broni.

NOWINA

Francja dostarczyła wiele wysokiej jakości broni do Kamerunu; transakcje, które dla niektórych były finansowane przez Stany Zjednoczone. Objawienie to zawarte jest w dochodzeniu zatytułowanym "Frencharms", które dotyczy domniemanych nadużyć popełnianych przez Batalion Szybkiej Interwencji (BIR) w regionach anglojęzycznych. Ale

[107] The Guardian, *Violence in Cameroon's anglophone regions 'spirala wymykająca się spod kontroli*, https://www.theguardian.com/.../cameroon-amnesty-election-violence-anglophone-regio...
[108] The Guardian, *Violence in Cameroon's anglophone regions 'spirala wymykająca się spod kontroli*, https://www.theguardian.com/.../cameroon-amnesty-election-violence-anglophone-regio...

także na temat źródła broni używanej przez kameruńskich elitarnych żołnierzy do tłumienia rebelii. Mediapart, kanał telewizyjny Arte, Radio France, holenderskie media Lighthouse Reports oraz nowa francuska strona Disclose wzięły udział w dochodzeniu[109]. Według Médiapart, pojazdy wojskowe "Bastion" są używane przez BIR na północnym zachodzie i południowym zachodzie. Są to maszyny wyposażone w ciężki karabin maszynowy 12,7 mm z 3 innymi karabinami maszynowymi 7,62 mm. Wykonane we Francji, wyszły z linii montażowych firmy Arquus. Stockholm International Peace Research Institute publikuje coroczne dane dotyczące sprzedaży broni. Ujawnia on, że w ostatnich latach Francja sprzedała 23 "Bastion" rządowi Kamerunu.

Mediapart ujawnia również, że "zakup w imieniu władz Kamerunu został sfinansowany przez Departament Obrony Stanów Zjednoczonych". W ramach programów współpracy wojskowej i bezpieczeństwa, od czasu zawieszenia w odpowiedzi na zarzuty dotyczące łamania praw człowieka ". Niemniej jednak dostawy jak dla nich, miały miejsce w latach 2015-2016, co potwierdza miejsce traktatu o handlu bronią (ATT). Firma Arquus i Quai d'Orsay, z którymi skontaktowała się Médiapart, opowiedziały się za prawem omerta. Głos zabrała jedynie Rada Przemysłu Obronnego Francji (CIDEF). Sondaż przeprowadzony przez różne media, o których mowa powyżej, zawiera listę przerażających okrucieństw, czynów rzekomo popełnionych przez BIR w regionach anglojęzycznych z tą zaawansowaną bronią dostarczoną kameruńskiej armii przez Francuzów. Francja jest jednym z głównych graczy, który wzywa do pokojowego rozwiązania panującego konfliktu. Francuski premier Emmanuel Macron i jego menadżer ds. zagranicznych i europejskich Jean Yves Le Drien "wyrazili niedawno uznanie dla inicjatywy dialogu ogłoszonej przez Paula Biya", pisze Médiapart[110].

G. Wysiłki rządowe i zniewagi pochodzące od osób fizycznych

➢ Rządowy wysiłek

Krajowy Komitet ds. Rozbrojenia, Demobilizacji i Reintegracji

Rząd Kamerunu określił w dekrecie nr 2018/719 z dnia 30 listopada 2018 r. swój obowiązek ustanowienia Krajowego Komitetu ds. Rozbrojenia, Demobilizacji i Reintegracji i nałożył na niego następujący obowiązek: Komitet jest odpowiedzialny za organizowanie,

[109] NEWSDAY CAMEROON, śledztwo prowadzone przez francuskie media ujawniło szokujące zaangażowanie Francji w kameruński konflikt separatystyczny, 21 września 2019 roku.
[110] NEWSDAY CAMEROON, śledztwo prowadzone przez francuskie media ujawniło szokujące zaangażowanie Francji w kameruński konflikt separatystyczny, 21 września 2019 roku.

nadzorowanie i zarządzanie rozbrojeniem, demobilizacją i reintegracją byłych bojowników Boko Haram oraz ugrupowań zbrojnych w regionach północno-zachodnich i południowo-zachodnich, które chcą pozytywnie odpowiedzieć na apel pokojowy głowy państwa poprzez złożenie broni[111].

Dekret stanowi, że komitet składa się z członków: Zarząd, krajowe centra koordynacyjne i regionalne, zlokalizowane w Bamenda, Mora i Buea[112]. Praktycznym krokiem jest rozwiązanie problemu społeczno-gospodarczego, dotykającego region północno-zachodni i południowo-zachodni, a także powstrzymanie terrorystów atakowanych przez Boko Haram na Dalekiej Północy. Ci, którzy zgadzają się złożyć broń, są szkoleni w warsztatach, jak zdobyć zawód i być zintegrowanymi ze społeczeństwem.

Krajowa Komisja ds. Promocji Dwujęzyczności i Wielokulturowości

Dekret nr 2017/013 z dnia 23 stycznia 2017 r. w sprawie ustanowienia, organizacji i funkcjonowania Krajowej Komisji ds. promocji dwujęzyczności i wielokulturowości . W tym zakresie jest on odpowiedzialny w szczególności za;

- przedkładanie Prezydentowi Republiki sprawozdań i zaleceń dotyczących kwestii związanych z ochroną i propagowaniem dwujęzyczności i wielokulturowości;

- monitorowanie wdrażania przepisów konstytucyjnych ustanawiających język angielski i francuski jako dwa języki urzędowe o równym statusie, a w szczególności zapewnienie ich stosowania we wszystkich służbach rządowych, organach półpublicznych oraz wszelkich organach dotowanych przez państwo;

- prowadzenie wszelkich badań i sondaży oraz proponowanie środków mogących wzmocnić dwujęzyczny i wielokulturowy charakter Kamerunu;

- przygotowanie i przedłożenie Prezydentowi Republiki projektów aktów prawnych dotyczących dwujęzyczności, wielokulturowości i wspólnoty;

- przyjmowanie petycji przeciwko dyskryminacji wynikającej z nieprzestrzegania przepisów konstytucyjnych dotyczących dwujęzyczności i wielokulturowości oraz zgłaszanie ich Prezydentowi Republiki;

[111] Artykuł 2 ust. 1 dekretu nr 2018/719 w sprawie ustanowienia Krajowego Komitetu ds. Rozbrojenia, Demobilizacji i Reintegracji, 30 listopada 2018 r.
[112] Artykuł 3 Dekret nr 2018/719

- wykonywanie wszelkich innych zadań powierzonych mu przez Prezydenta Republiki, w tym mediacja[113].

➢ **Obelgi pochodzące od osób**

Niektóre osoby wywodzące się z różnych stanowisk posługują się fałszywymi określeniami przeciwko mniejszości anglojęzycznej, a wśród nich my mamy: Cavaye Yaguie Djibril, Przewodniczący Kameruńskiego Zgromadzenia Narodowego; Benard Okalia Bilai, gouvernor z regionu południowo-zachodniego, w jednym ze swoich wystąpień nazywa anglofonem "psy"; Jean Jacques Ze, dziennikarz Vision 4, używa słowa "jak" RATS"; Profesor Messanga Nyamding, wykładowca w IRIC (School of International Relation), opisuje anglofony jako "intelektualnie niepoprawne", aby wejść do prestiżowych szkół jak: IRIC, ENAM, EMIA, ENS; oraz Engelbert Essomba Bengono, zastępca CPDM , który pośrednio wykorzystuje pisma święte do wspierania zabijania mniejszości anglojęzycznych[114].

[113] Artykuł 3 ust. 2 dekretu nr 2017/013 z dnia 23 stycznia 2017 r. ustanowił Komisję Krajową ds. promocji dwujęzyczności i wielokulturowości.
[114]Béatrice KAZE , *Kryzysowy anglofon: Te osobistości, które wygłosiły obraźliwe uwagi*, www.cameroon-info.net/.../cameroun-crise-anglophone-ces-personnalites-qui-ont-ten, YAOUNDE - 17 maja 2019.

ROZDZIAŁ VI

KONTEKSTUALIZACJA LUDOBÓJSTWA W ANGLOJĘZYCZNYM POTOMSTWIE POD REŻIMEM BIYA

W różnych częściach świata miało miejsce wiele przypadków ludobójstwa. ICTR uznał zabójstwa Tutsi i umiarkowanego Hutusina w Rwandzie w 1994 r. za ludobójstwo. MTKJ uznał, że wydarzenia z 1995 r. w Srebrenicy (Bośnia i Hercegowina) były ludobójstwem. ICJ zakwalifikował również wydarzenia w Srebrenicy jako ludobójstwo. W innych przypadkach postawiono zarzuty ludobójstwa przeciwko konkretnym osobom, ale proces lub ostateczna decyzja w tych sprawach są nadal w toku i dlatego ludobójstwo nie zostało jeszcze ustalone. Takie zarzuty zostały wniesione na przykład przez Międzynarodowy Trybunał Karny w sprawie Darfuru (Sudan); oraz przez Nadzwyczajne Izby Sądów Kambodży. Na szczeblu krajowym, kilka sądów krajowych orzekło, że poszczególne wydarzenia stanowiły ludobójstwo. Obecnie, w Kamerunie, pod rządami prezydenta Paula Biyi, w listopadzie 2017 roku ogłoszono deklarację wojny przeciwko mniejszości anglojęzycznej, co powinno skłonić prokuratora Międzynarodowego Trybunału Karnego (MTK) do rozpoczęcia wstępnych badań nad zbrodniami popełnionymi przez wojsko, które stanowiły ludobójstwo - ponad 3000 zabitych, głównie przez anglofonów, a inne osoby uciekające do innych krajów, takich jak Nigeria, jako uchodźcy, w połączeniu z wewnętrznymi przesiedleniami na całym terytorium krajowym Kamerunu.

A. Tło historyczne

Chociaż zbrodnie zasługujące na tę nazwę są popełniane od zarania dziejów ludzkości, termin "ludobójstwo" jest stosunkowo nowy. Po drugiej wojnie światowej Winston Churchill nazwał Auschwitz "*nienazwaną zbrodnią*", ale termin ten ukuty został przez Raphaela Lemkina, żydowskiego prawnika polskiego pochodzenia, który schronił się w Stanach Zjednoczonych po atakach nazistów. To właśnie w 1944 roku w swojej książce "*Axis Rule in Occupied Europe*" zaproponował neologizm ludobójstwa, aby opisać każdy akt mający na celu zniszczenie i prześladowanie jednostek z powodu ich przynależności do poszczególnych grup[115]. Etymologicznie, 1944, polski prawnik Raphael Lemkin stworzył sam termin "ludobójstwo", łącząc greckie słowo "*genos*" (rasa, naród lub plemię) i łaciński przyrostek "*cide*" (od "caedere", do zabijania).

Po raz pierwszy termin ludobójstwo został użyty w oficjalnym dokumencie, kiedy w Norymberdze oskarżono nazistowskich zbrodniarzy wojennych. Trybunał w Norymberdze nie uznał jednak zbrodni ludobójstwa za przestępstwo, ale raczej zbrodnię przeciwko ludzkości. Kilka miesięcy później, 11 grudnia 1946 r., Zgromadzenie Ogólne ONZ przyjęło rezolucję 96

[115] Maryam Massrouri i Loredana Magri, Le ludobójstwo, s. 231-232.

(I), w której ludobójstwo zostało zakwalifikowane jako *"przestępstwo międzynarodowe"* i określiło pierwszą definicję[116]. Ale dopiero Konwencja o zapobieganiu i karaniu zbrodni ludobójstwa z 1948 roku stała się *lex specialis* dla zbrodni przeciwko ludzkości.

Piętno zbrodni ludobójstwa czyni ją jedną z najbardziej okrutnych zbrodni w historii. Na przestrzeni dziejów i w bardzo różnych kontekstach, zbrodnia ta spowodowała ogromne straty ludzkie i miała głęboki wpływ na świadomość zbiorową. W XX wieku cztery masakry ludności można bez wątpienia określić jako ludobójstwo: systematyczną masakrę na Żydach i Cyganach dokonywaną przez nazistowski rząd niemiecki podczas drugiej wojny światowej; masakrę dwóch milionów Kambodżan dokonywaną przez Czerwonych Khmerów z Pol Pota w latach 1975-1979; ludobójstwo około ośmiu tysięcy bośniackich muzułmanów w częściach byłej Jugosławii, szczególnie w Srebrenicy, dokonane przez armię serbską w latach 1992-1995; i wreszcie ludobójstwo w Rwandzie, które spowodowało ponad milion ofiar, głównie ze strony społeczności Tutsi w 1994 roku[117]. Oprócz tych czterech tragicznych wydarzeń doszło do masakry ponad sześciuset tysięcy Ormian dokonanej przez rząd Młodych Turków, którzy rządzili reżimem osmańskim podczas I wojny światowej. Jednak pytanie, czy tragedia ormiańska może zostać uznana za ludobójstwo, pozostaje kontrowersyjne. Rzeczywiście, kwalifikacja ludobójstwa nie została jednogłośnie uznana przez wspólnotę państw, chociaż kilka parlamentów krajowych, w tym Szwajcarska Rada Narodowa, uznało tę kwalifikację w wydarzeniach. Dotyczy to również niektórych instytucji regionalnych lub międzynarodowych, takich jak Parlament Europejski, Rada Europy lub Podkomisja ONZ ds. Zapobiegania Prawom Człowieka i Ochrony Mniejszości[118].

Na koniec warto również wspomnieć o masakrze około 200 000 osób żyjących w południowym Sudanie, pochodzących z osiadłych plemion niearabskojęzycznych, dokonanej przez rząd sudański wspierany przez koczownicze bojówki arabskiego pochodzenia, znane jako dżandżawid. Kontrowersyjne pozostaje również pytanie, czy wydarzenia w Darfurze nadają się do kwalifikacji ludobójstwa. Niemniej jednak Organizacja Narodów Zjednoczonych uznała, że niektóre indywidualne zachowania mogą być wynikiem ludobójczych intencji. Dlatego też w dniu 31 marca 2005 r. Rada Bezpieczeństwa przyjęła rezolucję 1593, w której przekazała sytuację w Darfurze Prokuratorowi Generalnemu Międzynarodowego Trybunału Karnego na

---

[116] Maryam Massrouri i Loredana Magri, Le ludobójstwo, s. 232.
[117] Maryam Massrouri i Loredana Magri, Le ludobójstwo, s. 232-233.
[118] Maryam Massrouri i Loredana Magri, Le ludobójstwo, s. 233.

mocy art. 13 lit. b Statutu Rzymskiego[119]. W związku z tym decyzja w tej sprawie należy do MTK.

B. Pojęcie ludobójstwa

Naukowa definicja ludobójstwa

Jones (2006), w swojej pracy "*Ludobójstwo*" wymienił szereg definicji ludobójstwa, które dotyczą jego *agentów, ofiar, celów, skali, strategii i zamiarów*. Zatem ludobójstwo jako takie ma ramy teoretyczne i koncepcyjne i nie jest prostym terminem socjologicznym, historycznym, prawnym i politycznym.

Dla przykładu warto przytoczyć kilka definicji ludobójstwa: 1.*Ludobójstwo jest celowym niszczeniem życia fizycznego poszczególnych istot ludzkich z powodu ich przynależności do jakiejkolwiek ludzkiej zbiorowości jako takiej*." Peter Drost (1959)

2.*"[Ludobójstwo jest] strukturalnym i systematycznym niszczeniem niewinnych ludzi przez państwowy aparat biurokratyczny... Ludobójstwo jest systematycznym wysiłkiem podejmowanym z biegiem czasu w celu likwidacji ludności narodowej, zazwyczaj mniejszości... i] funkcjonuje jako podstawowa polityka polityczna mająca na celu zapewnienie zgodności i udziału obywateli.* "Irving Louis Horowitz (1976)

3. *"Ludobójstwo jest zamierzonym zniszczeniem, w całości lub w części, przez rząd lub jego przedstawicieli, mniejszości rasowej, seksualnej, religijnej, plemiennej lub politycznej. Może ona obejmować nie tylko masowe morderstwa, ale także głód, przymusową deportację oraz podporządkowanie polityczne, gospodarcze i biologiczne. Ludobójstwo składa się z trzech głównych elementów: ideologii, technologii i biurokracji/organizacji.* "Jack Nusan Porter" (1982)

4. *ludobójstwo w sensie ogólnym oznacza masowe zabijanie znacznej liczby ludzi, gdy nie odbywa się ono w ramach działań wojskowych przeciwko siłom zbrojnym domniemanego wroga, w warunkach istotnej bezbronności ofiary.* Izrael Charny (1994)

5. *"Ludobójstwo i zabójstwa polityczne to promowanie, wykonywanie i/lub dorozumiana zgoda na prowadzenie trwałej polityki przez elity rządzące lub agentów - lub, w przypadku wojny*

[119] Maryam Massrouri i Loredana Magri, Le ludobójstwo, s. 233-234.

domowej, przez którąkolwiek z rywalizujących ze sobą władz - która ma na celu zniszczenie, w całości lub części, wspólnej, politycznej lub upolitycznionej grupy etnicznej. "Barbara Harff" (2003)[120].

Ludobójstwo według Lemkina W tej książce "*Osiowa zasada w okupowanej Europie*" Lemkin wprowadził pojęcie ludobójstwa, definiując je jako ludobójstwo:

> "Zniszczenie narodu lub grupy etnicznej [...] skoordynowany plan różnych działań mających na celu zniszczenie podstawowych podstaw życia grup narodowych, w celu unicestwienia samych grup. Celem takiego planu byłby dezintegracja instytucji politycznych i społecznych, kultury, języka, uczuć narodowych, religii i ekonomicznego istnienia grup narodowych oraz zniszczenie bezpieczeństwa osobistego, wolności, zdrowia, godności, a nawet życia jednostek należących do tych grup. Ludobójstwo jest skierowane przeciwko grupie narodowej jako całości, a związane z nim działania są skierowane przeciwko jednostkom, nie w ich indywidualnym charakterze, ale jako członkom grupy narodowej".

Prawna definicja ludobójstwa

Ludobójstwo zostało zdefiniowane w art. 2 Konwencji w sprawie zapobiegania i karania zbrodni ludobójstwa(1948) jako

> "Każdy z następujących czynów popełniony z zamiarem zniszczenia, w całości lub w części, grupy narodowej, etnicznej, rasowej lub religijnej jako takiej: zabójstwo członków grupy; spowodowanie poważnego uszkodzenia ciała lub rozstroju psychicznego członków grupy; rozmyślne stworzenie dla grupy warunków życia obliczonych na spowodowanie jej całkowitego lub częściowego zniszczenia fizycznego1; zastosowanie środków mających na celu zapobieganie narodzinom w obrębie grupy; [oraz] przymusowe przeniesienie dzieci grupy do innej grupy".

C. Element ludobójstwa

Element materialny

Element materialny polega na zleceniu wykonania niektórych aktów konstytutywnych wymienionych w art. 2 Konwencji z 1948 roku. Statuty międzynarodowych trybunałów karnych przewidują dokładnie te same obiektywne elementy (art. 4 statutu MTKJ, art. 2 statutu

---

[120] Jones Adam, Ludobójstwo: Kompleksowe wprowadzenie. Londyn i Nowy Jork: Routledge, 2006, 15-18.

MTKJ, art. 6 statutu MTK). Zidentyfikowano dwie formy ludobójstwa: ludobójstwo fizyczne i biologiczne. Pierwsze miasto oznacza zniszczenie grupy poprzez unicestwienie jej członków, powodując ich śmierć lub naruszając ich integralność fizyczną i/lub zdrowie[121]. Biologiczne ludobójstwo natomiast polega na podejmowaniu działań mających na celu wygaszenie grupy poprzez zapobieganie urodzinom. Należy zauważyć, że ludobójstwo kulturowe, które polega w szczególności na uniemożliwianiu członkom grupy posługiwania się ich językiem lub praktykowania ich obrzędów religijnych, nie zostało ostatecznie zachowane, ponieważ projektanci uznali to pojęcie za zbyt odległe od celów, do których dążyła Konwencja z 1948 roku[122]. Materialny element ludobójstwa składa się z jednego lub kilku aktów skierowanych przeciwko grupie, która jest celem. Ponadto naruszenia te muszą być popełnione przeciwko prawdziwej istniejącej grupie. W związku z tym konieczne jest wykazanie istnienia grupy narodowej, etnicznej, rasowej lub religijnej oraz naruszeń popełnionych wobec niej.

Konwencja w sprawie ludobójstwa i Statuty Międzynarodowych Trybunałów Karnych wyczerpująco wymieniają pięć zakazanych czynów stanowiących ludobójstwo.

(a) Zabójstwo członków grupy (art. 2 lit. a) konwencji, art. 2 lit. a). 4 rozdz. 2 lit. a statutu MTKJ, art. 2 rozdz. 2 lit. a statutu ICTR, art. 6 lit. a statutu MTK)

b) Poważne uszkodzenie ciała lub rozstrój psychiczny grupy (art. 2 lit. b) konwencji, art. 2 lit. b). 4 ust. 2 lit. b) Statutu MTKJ, art. 4 ust. 2 lit. b). 2 (2) (b) Statut ICTR, art. 6. b) Statut MTK)

c) celowe poddanie grupy warunkom życia mającym na celu doprowadzenie do jej całkowitego lub częściowego zniszczenia fizycznego (art. 2 lit. c) Konwencja, art. 2 lit. c). 4 ust. 2 pkt 2 lit. c) Statutu MTKJ, art. 4 ust. 2 lit. c). 2 (2) (c) Statut ICTR, art. 6. c) Statut MTK)

d) Środki zapobiegające narodzinom w obrębie grupy (art. 2 lit. d Konwencji, art. 2 lit. d). 4 rozdz. 2 lit. d Statut ICTY, art. 2 rozdz. 2 lit. d Statutu ICTR, art. 6 lit. d Statutu MTK).

To jest przypadek biologicznego ludobójstwa. Obejmuje to sterylizację, przymusowe aborcje, przymusowe stosowanie środków antykoncepcyjnych, prawne utrudnienia w zawieraniu małżeństw i separacji obu płci. Orzecznictwo, w tym orzecznictwo ICTR w sprawie Akayesu, obejmuje masowe okaleczenia i przemoc seksualną (w tym gwałty, które w pewnych okolicznościach mogą utrudniać narodziny w grupie)[123].

Element psychiczny

Oprócz elementu materialnego, do zachowania zbrodni ludobójstwa konieczny jest element mentalny. Składa się ona z dwóch zasadniczych elementów: po pierwsze, intencji, która zakłada rzeczywistą wiedzę i intencje przestępcze. Sprawca musi mieć świadomość, że czyny, które wykonuje, doprowadzą do ludobójstwa. Innymi słowy, możemy mówić o sumieniu i woli autora. Po drugie, specjalne oszustwo, które polega na konkretnym zamiarze zniszczenia w całości lub w części chronionej grupy. To właśnie ten *dolus specialis odróżnia* ludobójstwo od innych zbrodni. Specjalne nadużycia przekraczają zatem gotowość do popełnienia czynów

[121] Maryam Massrouri i Loredana Magri, Le ludobójstwo, s. 237.
[122] Maryam Massrouri i Loredana Magri, Le ludobójstwo, s. 237.
[123] Maryam Massrouri et Loredana Magri, Le ludobójstwo, s. 240.

zabronionych na mocy art. 2 Konwencji. Autor musi mieć dodatkowy zamiar, a mianowicie zniszczyć całą grupę lub jej część jako taką[124].

Szczególne nadużycia finansowe są zatem jedną z podstawowych cech przestępstwa ludobójstwa i obejmują trzy elementy:

(a) Szczególny zamiar zniszczenia "w całości lub w części".

Nie jest konieczne, aby autor zamierzał zniszczyć grupę w całości; wystarczy, że zamierzał zniszczyć ją częściowo. Konwencja z 1948 r. nie określa jednak żadnych limitów ilościowych, aby uniknąć sytuacji, w której odosobnione czyny są z konieczności kwalifikowane jako ludobójstwo38. Można zatem uznać, że ma miejsce ludobójstwo, nawet jeśli liczba ofiar jest niewielka. W rzeczywistości fakt, że jest tylko kilka ofiar, nie musi oznaczać, że tylko próba zostanie zachowana. Teoretycznie można by nawet zakwalifikować pojedyncze morderstwo jako ludobójstwo, gdyby zamiarem sprawcy było zniszczenie całej grupy lub jej części.

Wreszcie, spełnienie wymogu zniszczenia w całości lub w części wymaga albo znacznej liczby ofiar (perspektywa ilościowa), albo zniszczenia części szczególnie reprezentatywnej dla danej grupy, takiej jak elity lub liderzy (perspektywa jakościowa)[125].

b) zamiar zniszczenia grupy jako takiej

Ludobójstwo jest wymierzone w grupę ludzką poprzez jednostki, które ją tworzą. Grupa składa się zatem z członków, którzy mają wspólne cechy wyróżniające ich spośród innych osób. Dlatego też ofiary nie są wybierane zgodnie z ich indywidualnymi cechami, ale raczej jako przedstawiciele grupy, która ma zostać zniszczona. Poprzez atak na jednostkę, jest to grupa, do której celuje sprawca. Konwencja z 1948 r. ma zatem na celu raczej ochronę grup o pewnej trwałości i specyficznych cechach[126].

c) zamiar zniszczenia grupy narodowej, etnicznej, rasowej lub religijnej

Projektanci od dawna dyskutowali nad zasadnością wprowadzenia grup politycznych, społecznych i ekonomicznych do definicji ludobójstwa. Jednakże stanowisko to nigdy nie zostało poparte przez wszystkie państwa, ani podczas opracowywania konwencji z 1948 r., ani podczas opracowywania statutu rzymskiego. ICTR rozwiązał ten problem, sugerując, że definicja ta powinna być interpretowana szeroko i że należy uznać, iż zawiera ona grupy inne

---

[124] Maryam Massrouri et Loredana Magri, Le ludobójstwo, s. 240.
[125] Maryam Massrouri i Loredana Magri, Le ludobójstwo, s. 241.
[126] Maryam Massrouri i Loredana Magri, Le ludobójstwo, s. 241.

niż te, które występują w definicji zawartej w konwencji z 1948 roku. W sprawie Akayesu sędziowie zauważyli, że intencją twórców konwencji była ochrona każdej stabilnej i stałej grupy. W tym zakresie KOLB rozróżnia między przynależnością do grupy swobodnie wybranej a przynależnością do grupy, której dana osoba nie wybiera. Rzeczywiście, jednostka nie może decydować o swojej narodowości lub wyglądzie fizycznym, podczas gdy grupy polityczne lub społeczne opierają się na wolnym członkostwie. Te ostatnie nie powinny być zatem chronione przez normę przed ludobójstwem. W związku z tym każda grupa, której stabilność i trwałość byłaby podobna do pozostałych czterech, byłaby objęta normą[127].

D. Uzasadnienie ludobójstwa w anglojęzycznym Kamerunie pod rządami Biya

Zabójstwa pozasądowe, zabójstwa celowe, masowe zabójstwa i tortury

Kameruńskie wojsko dokonało masowych zabójstw na terenach anglojęzycznych. Najnowszym, było zabicie 27 młodych ludzi w Mensa-Pinyin. Według Ni Johna Fru Kamerunów główny lider opozycji, który odwiedził ten teren i rozmawiał ze świadkami naocznymi na miejscu. Jeden z chłopców, który został zastrzelony, został zabrany do ośrodka zdrowia w Santa przez swoich dwóch braci. Żołnierze przyszli do ośrodka zdrowia i zabrali trzech z powrotem do wioski, zastrzelili ich i zabili. W ciągu 48 godzin między 23 a 25 maja zginęło ponad 40 młodych ludzi. Wojsko pojechało do Kwakwy i dokonało masowych mordów nieuzbrojonych cywilów i rolników[128].

4 maja 2018 roku w Kumbo znaleziono szczątki dwóch niezidentyfikowanych mężczyzn. Sąsiedzi twierdzą, że w nocy z 30 kwietnia 2018 r., około godziny 21.00 widziano wojskową ciężarówkę zmierzającą w tę stronę, a kilka minut po tym, jak usłyszano strzały z pistoletu. To trwało kilka minut. Wkrótce po strzelaninie, wojskowa ciężarówka odjechała. Cztery dni później, pasterz odkrył zwłoki już w zaawansowanym stanie rozkładu i zaalarmował burmistrza Kumbo. Kolejna ofiara została aresztowana w Kom podszyta pod ambazońskiego generała, jego nagrania wideo żołnierze umieszczali na portalach społecznościowych. Tortury i traktowanie w filmie szokują nasze sumienia. Ten człowiek był torturowany na śmierć, tak jak niezliczona ilość innych[129].

---

[127] Maryam Massrouri i Loredana Magri, Le ludobójstwo, s. 241-242.
[128] Efi W. Tembon , Kryzys w Republice Kamerunu Przegląd kryzysu anglofońskiego 2016-2018, 25 czerwca 2018 r., s.11.
[129] Efi W. Tembon , Kryzys w Republice Kamerunu Przegląd kryzysu anglofońskiego 2016-2018, 25 czerwca 2018 r., s. 13.

Wyłączenie Internetu w regionie anglojęzycznym

Rząd Kamerunu wyłączył Internet w regionach anglojęzycznych na ponad 150 dni. Odbywało się to od stycznia do kwietnia oraz od października 2017 roku. Kosztowało to ponad 38 milionów dolarów utraconych dochodów[130].

Palenie własności prywatnej, domów i firm

Kameruńskie wojsko spalało przedsiębiorstwa, targi, domy prywatne i nieruchomości w ponad 70 wioskach w regionach anglojęzycznych. (Munyenge, Ngwo, Kwakwa, Boa Bakundu, Bole Bakundu, Dipenda Bakundu, Big Ngwandi, Bakumba, Bokosso, Nake, misja Kombone, Kake I, Kake II, Bekondo, Big Massaka, Nganjo, Foe Bakundu, Ekombe, Tadu, Keri, Mbiim, Small Ekombe, Ediki, Kuke, Ebonji, Etam, Nguti, Mongo Ndor, Bello, Anjang, Angin, Anyagwa, Azi, Kumbo, Doti Nobi, Kugwe, Ambo, Efah, Kumku, Ashong, Ngie, Kembong, Ejeke, Mbene, Bati-Numba, Kagifu, Dadi, Gurifen, Muyenge, Bafia, Ekwe, Kumbe-Balue, Ekona Mombo, Batibo, Bafut, Mbalangi, Oshie, Baingo, Bombele Mbonge, Kumu Kumu, Bangele, Konye, Guzang, Widikum, Sarnyar, Babadiehka, Djottin).131

Kiedy niezidentyfikowani mężczyźni zabili para-militarnego officer i ranili innego na drodze Tadu Oku, siły prawa i porządku zaatakowały wioski Tadu, Keri i Mbiim. Zaatakowano około 38 domów, niektóre podpalono, zdewastowano lokale służbowe, a także rzekomo zabrano towary i pieniądze. Rzeczy takie jak cement, ryż i artykuły, których nie mogli wziąć, zostały po prostu zniszczone.

W Mbiim i Sarnyarze siły prawa i porządku zaatakowały budynek gminy rozwoju wsi i zniszczyły krzesła, szyby okienne, stoły i zabrały skrzynkę z narzędziami do konserwacji wody dla społeczności, zniszczyły rury przeznaczone do rozbudowy wodociągów do innych części wioski, a następnie przystąpiły do dewastacji innych domów w wiosce. Jeden dom został podpalony, podczas gdy ludność uciekła w krzaki siły prawa i porządku niosły inne przedmioty, takie jak generatory, kordelasy, napoje itp. Wioski te były opuszczone, ponieważ ludność uciekła w krzaki, aby ratować swoje życie. W Tadu staruszka została zbrutalizowana, a kukurydza w jej stodole płonęła. Motocykle zostały zniszczone[132].

---

[130]Efi W. Tembon , Kryzys w Republice Kamerunu Przegląd kryzysu anglofońskiego 2016-2018, 25 czerwca 2018 r., s.10.

[131] Efi W. Tembon , Kryzys w Republice Kamerunu Przegląd kryzysu anglofońskiego 2016-2018, 25 czerwca 2018 r., s.11.

[132] Efi W. Tembon , Kryzys w Republice Kamerunu Przegląd kryzysu anglofońskiego 2016-2018, 25 czerwca 2018 r., s.11.

Żołnierze mają modus operandi. Kiedy atakują wioskę, często najpierw palą sklepy i przedsiębiorstwa, potem domy ludzi i zabijają niektórych. Tak było w Kwakwa, w Munyenge, w Kake, w Njikwa, itd. Gdy żołnierze najeżdżają na wieś podejrzaną o wsparcie lokalnych sił remontowych, podpalają sklepy, by odciąć je od żywności off. Ich domy są spalone, a młodzi ludzie, którzy zdobędą profil, są rozstrzeliwani. Kiedy żołnierze przybyli do Kwakwy, spalili sklepy i domy. Dwie starsze osoby, które mogły uciec, zostały spalone w domu. Chodzi o Mami Appih i Pa Dana. Miami Appih został spalony prawie na popiół i Pa Dan udało się uciec z niektórych spalonych, ale zmarł kilka tygodni później[133]. W wiosce Kembong po czterech żołnierzy zastawiliśmy zasadzkę i zabity przez siły porządkowe, wojsko najechał na wieś i domy zostały spalone, gospodarstwa zniszczone z wieloma zarzutami gwałtu i grabieży. Wielu młodych ludzi, w tym nastolatków, zostało zabitych przez żołnierzy. Mieszkańcy zostali oskarżeni o wspieranie i ukrywanie sił remontowych[134].

21 maja żołnierze przybyli z postrzałami z broni palnej na teren Ngwa i spalili rynek ze wszystkimi sklepami. 23 maja, około godziny 6 rano, żołnierze najechali na wieś, strzelając, a ludzie wbiegli w krzaki. Żołnierze zabili tam czterech mężczyzn, w tym męża pracownika projektu tłumaczenia Biblii, pana Ankę Terence. Podobno żołnierze wzięli jego telefon, jego pieniądze i spalili rower. Wdowa po nim, 22 lata z małymi bliźniakami i niemowlęciem w ręku, zebrała swoje dzieci i fled w krzaki. Spędziła trochę czasu w krzakach, zanim je zlokalizowano i pomogła.

Spaliła się kolejna firma tłumacza Biblii i dwa domy. Pani Anyi Theodora została zastrzelona przez wojsko, ale przeżyła. Kolejny tłumacz Biblii fled, gdy żołnierze przyszli do jego domu strzelając i przypisuje Bogu za jego bezpieczeństwo. Żołnierze weszli do jego domu, rozrzucili drzwi i okna i ustawili ogień do domu. Musiał schronić się w krzakach wraz ze swoją starszą matką, żoną i dziećmi i spędził wiele dni w krzakach, zanim zostały uratowane z krzaków. Pan Christian i Vitalise zostali aresztowani po śmierci paramilitarnej officer i torturowani na śmierć. Zeidin Fondzewong 18, został zastrzelony i zabity przez żołnierzy, którzy wracali z Mbiame w Dzeng. Kosmos Wirkom pływał nad brzegiem rzeki Mbohnso,

[133] Efi W. Tembon , Kryzys w Republice Kamerunu Przegląd kryzysu anglofońskiego 2016-2018, 25 czerwca 2018 r., s.11.
[134] Efi W. Tembon , Kryzys w Republice Kamerunu Przegląd kryzysu anglofońskiego 2016-2018, 25 czerwca 2018 r., s.12.

kiedy został zabity. Również włamanie do domów w Mbohnso splądrowane i około 1.653.000frs CFA jest twierdzenie, że zostały odebrane ludziom przez żołnierzy[135].

W Ta Mbveh, żołnierze zniszczyli sklep, splądrowali, aresztowali i zamknęli żonę właściciela sklepu z dziesięciomiesięcznym dzieckiem. Mąż musiał zapłacić 800.000 funtów, zanim jego rodzina została zwolniona. W Ndu dwóch chłopców (Kevin Mburci i Kabiru) zostało rozstrzelanych, a ludność popędziła ich do Zintegrowanego Ośrodka Zdrowia w Ndu, ale później żołnierze zabrali ich do Nkambe. Pan Ngala Benjamen i Moni Ivo Bantar zostali uprowadzeni z ich domów. 1 października czterech mężczyzn, którzy byli w więzieniu, zostało zastrzelonych z zarzutem, że chcą uciec. Kiedy żołnierze napadli na strzelaninę Munyenge, ludzie fled w krzakach dla bezpieczeństwa. Została jedna osoba, Michael, która nie wiedziała, co się dzieje. Jego noga została roztrzaskana przez żołnierzy i zostawiona na śmierć! Ale został uratowany przez Fundację Ayah i jego noga została amputowana, a on wraca do zdrowia. Żołnierze przystąpili do spalenia centrum handlowego, sklepów, upraw, zebranego kakao i domów prywatnych, a następnie zabili część z nich. Pojawiły się również zarzuty o grabieże przez żołnierzy[136].

W rejonie Moghamo, według świadków, ludzie zostali zastrzeleni za nieposiadanie dokumentów identyfikacyjnych. Niektórzy, którzy mieli dokumenty identyfikacyjne, również zostali zastrzeleni i zabici. Solderzy przejęli wioskę Ambo, a miejscowy proboszcz prezbiterianin, który służy jako lider organizacji społecznościowej prowadzącej program tłumaczenia Biblii, miał do dyspozycji flee. Jego dom kościelny został przejęty przez żołnierzy, którzy założyli obóz we wsi Ambo. Ludzie i chrześcijanie w wiosce Ambo mają fled z powodu walk zbrojnych pomiędzy siłami remontowymi a wojskiem[137].

Nadużycie wobec więźnia

Wojsko wykorzystywało i mordowało więźniów w areszcie. Sprawa Sama Soi, niepełnosprawnego mężczyzny z okolic Kom, który prowadził interesy z brochetterem, była przesłuchiwana przez żołnierzy, a następnie zamordowana z zimną krwią. Istnieją filmy z jego przesłuchania i zdjęcia z jego morderstwa. 29 października Afoni Fredoline, student trzeciego roku uniwersytetu w Bamendzie, został uprowadzony przez żołnierzy w swoim miejscu pracy

[135] Efi W. Tembon , Kryzys w Republice Kamerunu Przegląd kryzysu anglofońskiego 2016-2018, 25 czerwca 2018 r., s.12.
[136] Efi W. Tembon , Kryzys w Republice Kamerunu Przegląd kryzysu anglofońskiego 2016-2018, 25 czerwca 2018 r., s.12.
[137] Efi W. Tembon , Kryzys w Republice Kamerunu Przegląd kryzysu anglofońskiego 2016-2018, 25 czerwca 2018 r., s.12.

w Shisong. Został zabrany do obozu wojskowego w Kumbo i torturowany na śmierć. Kiedy rodzice przyszli dać mu jedzenie, myśląc, że jeszcze żyje, zostali odesłani. Dwie wojskowe ciężarówki zostały wysłane na związek zmarłych i spowodowały więcej zniszczeń. Twierdzi się, że zabrali 25.000frs z pokoju matki. 30 października rodzina wyszła na poszukiwanie swojego syna. Zostali poinformowani przez władze, że ich syn zmarł. Nie mieli żadnego wytłumaczenia na temat śmierci. Cała społeczność była w szoku, gdy usłyszała te wiadomości. Jego szczątki zostały później odkryte w kostnicy[138].

Brutalność sił bezpieczeństwa

Jeszcze 30 kwietnia 2018 r. dwóch chłopców (Honore i Elvis) zostało aresztowanych przez żandarmów w ich rezydencji w Vebarong, dzielnicy w Kumbo, około 2 nad ranem następnego dnia rano i zabranych do Kumbo. Ich domy zostały przeszukane, drzwi wyłamane, a motocykl zabrany przez siły prawa i porządku. W żandarmerii chłopcy byli torturowani i osłabieni, ponieważ odnieśli ciężkie rany. Mamy do czynienia z niezliczoną ilością arbitralnych aresztowań i wymuszeń pieniędzy od ludności cywilnej przez siły porządkowe. W zeszłym tygodniu pojawiło się wideo rzekomo obsadzone przez samych żołnierzy z dwoma nastoletnimi dziewczynami, które pływały w błocie, podczas gdy żołnierze kpili[139].

Władze Kamerunu nazwały siły porządkowe terrorystami. Ale jeśli spojrzysz na sprawę uznania za terrorystę, to zobaczysz, że kameruńskie wojsko naprawdę uznaje to uznanie, ponieważ terroryzuje ludność. W wyniku tego kryzysu anglofonowie stanęli w obliczu głębokiej świadomości, że w Kamerunie są rzeczywiście obywatelami drugiej kategorii. Prezydent w ogóle nie zajął się tym problemem, poza wypowiedzeniem wojny. Nawet gdy opozycyjni parlamentarzyści zorganizowali strajk, aby przedyskutować tę kwestię w parlamencie, kontrolowany przez Biya parlament odmówił jakiejkolwiek dyskusji na temat kryzysu. Sprawa ta była omawiana w parlamentach innych krajów, ale nie w Kamerunie. Przesłanie jest jasne: anglofony nie mają głosu i są traktowane jak podbity naród[140].

[138] Efi W. Tembon , Kryzys w Republice Kamerunu Przegląd kryzysu anglofońskiego 2016-2018, 25 czerwca 2018 r., s.12-13.
[139] Efi W. Tembon , Kryzys w Republice Kamerunu Przegląd kryzysu anglofońskiego 2016-2018, 25 czerwca 2018 r., s.13.
[140] Efi W. Tembon , Kryzys w Republice Kamerunu Przegląd kryzysu anglofońskiego 2016-2018, 25 czerwca 2018 r., s.13.

ROZDZIAŁ VII

WPŁYW SZTUKI LUDOBÓJSTWA NA KRYZYS

Kryzys w regionach anglojęzycznych (północno-zachodnich i południowo-zachodnich) Kamerunu, który rozpoczął się w październiku 2016 r. protestami nauczycieli i prawników, przerodził się w zbrojne powstanie pod koniec 2017 r. i od tego czasu przerodził się w wojnę domową. Od września 2017 r. w wyniku konfliktu zginęło co najmniej 1 850 osób, a obecnie rozprzestrzenił się on na zachodnio- i litewskie regiony Frankofonii.1 W regionach anglojęzycznych miał on znaczący wpływ społeczny i humanitarny: w ciągu ostatnich dwóch lat zamknięto większość szkół, zniszczonych zostało ponad 170 wiosek, 530 000 osób zostało przesiedlonych wewnątrz kraju, a 35 000 szukało schronienia w sąsiedniej Nigerii. Konflikt ten zniszczył również lokalną gospodarkę, która stanowi około jednej piątej PKB kraju[141]. Statystyki opracowane przez Crisis Group na podstawie otwartych źródeł i kilkudziesięciu wywiadów przeprowadzonych w 2018 i 2019 r. z władzami publicznymi, siłami bezpieczeństwa i separatystami. Rząd szacuje, że zginęło 1600 osób (400 cywilów, 160 żołnierzy i policjantów oraz 1000 separatystów); anglojęzyczni federaliści szacują, że zginęło 3000-5000 osób; separatyści - 5-10 000[142]. Kryzys anglojęzyczny, spowodował niezwykłe straty zarówno dla ludności cywilnej, jak i dla sił rządowych. Tysiące cywilów i sił zbrojnych straciło życie, a także poniesiono straty materialne po obu stronach. Kryzys spowodował, że w wyniku wybuchu wojny pojawili się uchodźcy, jak również przesiedleńcy wewnętrzni. Ale ONZ i inne organizacje pozarządowe nie były obojętne, w taki czy inny sposób udzielały pomocy potrzebującej ludności.

A. Łamanie praw człowieka

Naruszenie przez siły rządowe

W okresie od października 2016 r. do lutego 2017 r. siły bezpieczeństwa zestrzeliły dziesięciu demonstrantów, a następnie kolejnych 20 w październiku 2017 r.; 44 z ich agentów zginęło od września 2017 r. do maja 2018 r. Amnesty International (AI) zauważa, że nauczyciele i uczniowie, "oskarżeni o nieuczestniczenie w bojkocie", są fizycznie atakowani, a co najmniej 42 szkoły są atakowane przez "uzbrojonych separatystów" od lutego 2017 do maja

[141] International Crisis Group, "Cameroon's Anglophone Crisis: How to Get to Talks? ",Raport nr 272 / Afryka 2 maja 2019.
[142] International Crisis Group, "Cameroon's Anglophone Crisis: How to Get to Talks? ",Raport nr 272 / Afryka 2 maja 2019.

2018 roku, w regionach północno-zachodnich i południowo-zachodnich. Tożsamość i przynależność sprawców takich aktów przemocy często pozostaje niepewna, ponieważ akty te są "popełniane przez osoby lub grupy osób, które działały z własnej inicjatywy, ale domagały się wsparcia dla samozwańczej grupy zbrojnej lub walki zbrojnej o secesję lub, zgodnie ze swoją reputacją w swojej społeczności, poprzez działanie w solidarności ze swoją sprawą". Ponadto, według analityka Międzynarodowej Grupy Kryzysowej Hansa De Marie Heungoupa, bardzo niewiele uzbrojonych grup twierdzi, że jest odpowiedzialnych za swoje ataki i bardzo trudno jest wiedzieć, kto co robi na miejscu[143].

Po przeprowadzeniu wywiadów ze 150 naocznymi świadkami w anglojęzycznym Kamerunie, SI sprawdza krzyżowo informacje o kilku rodzajach naruszeń praw człowieka przez siły bezpieczeństwa, w tym:

- bezprawne zabójstwa i pozasądowe egzekucje,

- pobicia,

- samowolne aresztowania, przetrzymywanie w odosobnieniu, tortury w areszcie,

- podpalenie i zniszczenie mienia[144].

Ponad kilkanaście ofiar i świadków, którzy rozmawiali z Human Rights Watch, opisało incydenty w latach 2016-2018, kiedy to siły bezpieczeństwa, choć wyposażone w sprzęt do walki z zamieszkami, w tym tarcze, hełmy i gaz łzawiący, otworzyły ogień z żywą amunicją do demonstrantów i osób postronnych. W kilku przypadkach siły bezpieczeństwa brutalnie zaatakowały lub użyły nadmiernej siły fizycznej przeciwko demonstrantom, osobom postronnym i innym cywilom. Funkcjonariusze organów ścigania powinni, w miarę możliwości, stosować środki niestosujące przemocy, zanim uciekną się do użycia siły. Powinni oni uciekać się do użycia siły tylko wtedy, gdy takie inne środki są nieskuteczne lub bez żadnej obietnicy sukcesu. W przypadku, gdy użycie siły zgodnie z prawem jest nieuniknione, funkcjonariusze organów ścigania powinni zachować powściągliwość i zapewnić proporcjonalny stopień użycia siły[145].

Międzynarodowe normy praw człowieka nakładają na organy ścigania surowsze ograniczenia w zakresie stosowania broni palnej niż w zakresie stosowania siły w ogóle.

---

[143]Bern-Wabern , *Kryzys w anglojęzycznym Kamerunie* , 25 września 2018 r. , s.14-15.
[144]Ibid. str.15.
[145] H U M A N R I G H T S WATCH, "These Killings Can Be Stopped Government and Separatist Groups Abuses in Cameroon's Anglophone Region, JULY 2018, s.32.

Organy ścigania powinny używać broni palnej tylko wtedy, gdy jest to konieczne do obrony własnej lub innych przed bezpośrednim zagrożeniem śmiercią lub poważnym uszkodzeniem ciała, do zapobieżenia popełnieniu przestępstwa wiążącego się z poważnym zagrożeniem życia, do aresztowania osoby, która stanowi takie zagrożenie i opiera się ich władzy, lub do zapobieżenia ucieczce tej osoby. Śmiercionośne użycie broni palnej jest dopuszczalne tylko wtedy, gdy jest "absolutnie nieuniknione w celu ochrony życia". 22 listopada 2016 r. media doniosły, że siły bezpieczeństwa użyły gazu łzawiącego i żywej amunicji oraz strzelały do tłumów, aby rozpędzić demonstrację nauczycieli w Bamendzie, zabijając co najmniej jednego i raniąc 10,86 31-letni malarz, który był tego dnia w domu, powiedział Human Rights Watch, że również został zastrzelony: "Strzelanina zaczęła się około 16:00 tego dnia. Początkowo myślałem, że to gaz łzawiący", powiedział. "Ale kiedy wyszedłem z domu, żeby zabrać motocykl do środka, zobaczyłem policję około 100 metrów dalej na głównej drodze. Zaczęli do mnie strzelać. Kula uderzyła w moje lewe udo i zniszczyła moją powierzchowną tętnicę udową", wyjaśnił, pokazując badaczom swoją dokumentację medyczną[146].

27 listopada 2016 roku studenci uniwersytetu Buea, którzy zwrócili się do administracji o uczynienie z języka angielskiego jedynego języka wykładowego na uczelni, wezwali wszystkich studentów anglojęzycznych do przyłączenia się do strajku nauczycieli z Bamendy. Wideo i zdjęcia uchwycone w kolejnych dniach pokazują studentów, którzy brali udział w strajkach, brutalnie pobitych i maltretowanych przez służby bezpieczeństwa, które napadły na kampus, sale rezydencyjne i hostele poza terenem kampusu. 8 grudnia 2016 roku protestujący i siły bezpieczeństwa starli się podczas wizyty urzędników państwowych wzdłuż alei handlowej Bamenda i ronda szpitala. Protestujący wznieśli barykady i podpalili rządowe samochody. Personel sił bezpieczeństwa strzelał do demonstrantów z ostrej amunicji. Według Amnesty International tego dnia zginęło co najmniej dwóch nieuzbrojonych demonstrantów, a kilkudziesięciu zostało arbitralnie aresztowanych, w tym dzieci. Pewien człowiek postrzelony w nogę tego dnia powiedział Human Rights Watch, że opuścił demonstrację, gdy zobaczył, że ludzie rzucają kamieniami, a siły bezpieczeństwa strzelają żywą amunicją. "Szedłem samotnie po ulicy, gdy pojawiły się przede mną trzy policjantki Powiedziały, że nie powinienem był przychodzić... Jak zacząłem się tłumaczyć, usłyszałem odgłos pistoletu i poczułem ból w nodze. Policja wyszła", powiedział [147].

[146] Ibid. str. 32-33.
[147] Ibid. str. 33.

Zgodnie z wywiadem Human Rights Watch:

> Inny mężczyzna powiedział, że był świadkiem tego dnia, jak policjant zastrzelił demonstranta: "Widziałem, jak [policja] wycelowała broń, bo ludzie rzucali kamieniami. Widziałem, jak jeden wpakował kulę w jednego faceta obok mnie. Został postrzelony w klatkę piersiową. Więc musiałem uciekać." Podczas fali protestów w 2017 r. rządowe siły bezpieczeństwa rozmieszczone w większych ośrodkach, takich jak Bamenda, Kumba i Buea, użyły również ostrej amunicji przeciwko protestującym i przechodniom, zabijając co najmniej tuzin cywilów i raniąc ich wyniki, jak wynika z raportów Amnesty International i międzynarodowych mediów. 1 października 2017 r., podczas demonstracji działaczy separatystycznych w regionach południowo-zachodnich i północno-zachodnich z okazji ogłoszenia niepodległości "Republiki Ambazonii" wbrew zakazom protestów i godzinom policyjnym narzuconym przez gubernatorów obu regionów, siły bezpieczeństwa zastrzeliły kilka nieuzbrojonych osób, jak twierdzą świadkowie, którzy rozmawiali z Human Rights Watch w obu regionach. Jeden z pracowników służby zdrowia powiedział Human Rights Watch w Kumbo, że szpital, w którym pracuje, przyjął kilka osób rannych od kul, zarówno w czasie demonstracji 1 października, jak i tego dnia. "Otrzymaliśmy młodą dziewczynę, Ailue, która dostała kulkę w oko, gdy była w swoim pokoju", powiedział. "Kula wyrwała jej przegrodę i czopuchę oka, ale nie dotknęła jej mózgu. Większość pozostałych rannych otrzymała kule w kończynach dolnych". 1 października w Buea siły bezpieczeństwa zabiły dwóch przyjaciół w osobnych incydentach: 34-letniego technologa, który studiował w Indiach i Norwegii oraz 39-letniego prawnika i ojca dwójki. W wywiadzie dla Human Rights Watch rodzice technologa powiedzieli, że zaczęli słyszeć strzały we wczesnych godzinach rannych. Ich syn zdecydował się wyjść z domu wczesnym popołudniem, aby spotkać się z przyjaciółmi, ponieważ sytuacja się uspokoiła i został zastrzelony na ulicy, w pobliżu swojego domu[148].

B. The situation of refugees and internally displaced

Zwiększona przemoc i brak bezpieczeństwa w południowo-zachodnich i północno-zachodnich regionach Kamerunu doprowadziła zarówno do wewnętrznych przesiedleń, jak i napływu uchodźców do sąsiedniej Nigerii. We wrześniu 2018 roku w Nigerii przebywało 25

[148] Ibid. str. 34-35.

000 kameruńskich uchodźców, co stanowi znaczny wzrost z 8 500 zarejestrowanych w grudniu 2017 roku. Zasoby społeczności przyjmujących są napięte, a wzrost liczby kameruńskich uchodźców prawdopodobnie spowoduje pogorszenie warunków życia zarówno uchodźców, jak i nigeryjskich społeczności przyjmujących. W maju 2018 roku około 160 000 osób zostało wewnętrznie przesiedlonych w wyniku kryzysu anglojęzycznego: 150 000 w regionie południowo-zachodnim i 10 000 w regionie północno-zachodnim. Między drugim a trzecim kwartałem 2018 r. nastąpił gwałtowny wzrost liczby przesiedleńców wewnętrznych, przy czym szacuje się, że do połowy sierpnia w samym tylko regionie południowo-zachodnim liczba przesiedleńców wewnętrznych wyniosła 246 000. Brak jest informacji na temat liczby przesiedleńców wewnętrznych obecnie w regionie północno-zachodnim, ale tendencja była prawdopodobnie podobna.[149]

Od listopada 2017 roku dziesiątki tysięcy anglofonów opuszcza swoje domy. Ruch przyspieszył w grudniu 2017 roku, kiedy to armia interweniowała w kilku wioskach w południowo-zachodniej części regionu. Te operacje wojskowe są następstwem oświadczenia wydanego 1 grudnia przez prefekta departamentu Manyu, Józefa Oum II, który nakazał mieszkańcom ewakuować 15 wsi "w ciągu kilku godzin", w przeciwnym razie byliby oni uważani za wspólników separatystów. Joseph Oum zmienił jednak to oświadczenie następnego dnia.74 W maju 2018 roku Agencja Narodów Zjednoczonych ds. Uchodźców (UNHCR) zgłosiła 150.000 wysiedleńców w regionie południowo-zachodnim i 10.000 w regionie północno-zachodnim, a także 21.291 kameruńskich azylantów zarejestrowanych w Nigerii, w tym 17.003 w stanie Cross River. Ze swojej strony, organizacja humanitarna Caritas ma 25 624 Kameruńczyków, którzy uciekli z anglojęzycznych obszarów do Nigerii, niezależnie od tego, czy są w trakcie procedury azylowej, czy też nie.[150]. Szacunkowa liczba 160 000 wysiedleńców w anglojęzycznym Kamerunie jest oparta na ocenie potrzeb przeprowadzonej w marcu i kwietniu 2018 roku przez Organizację Narodów Zjednoczonych (ONZ) i Plan International. Allegra Maria Del Pilar Baiocchi, koordynator ONZ ds. pomocy humanitarnej w Kamerunie, wyjaśnia brak dokładnego wyliczenia z powodu trudności w dostępie do terenu: częste są nadal akty przemocy, ludność cywilna przebywająca pod godziną policyjną, a organizacje pozarządowe (NGO) rzadko uzyskują zezwolenia. Ponadto ONZ szacuje, że 80% osób

---

[149] Sprawozdanie na temat ryzyka, *CAMEROON Przemoc wyborcza w regionach anglojęzycznych*, 20 września 2018 r., s. 3-4.
[150] Berno-Wabern , *Crise du Cameroun anglophone* , 25 września 2018 , str.16.

wysiedlonych znalazło schronienie na obszarach wiejskich i leśnych. Główne zidentyfikowane potrzeby są następujące:

- Schronienie i rzeczy nieżywnościowe, jak wielu cywilów uciekło bez bagażu do nieznanego celu;

- Bezpieczeństwo żywnościowe, ponieważ ryzyko ataków utrudnia dostęp do ziemi i handlu;

- Zdrowie, ponieważ wysiedlona ludność nie ma dostępu do podstawowej opieki medycznej;

- Woda i toalety;

- Edukacji, ponieważ prawie 42 500 dzieci w wieku szkolnym nie było w stanie regularnie uczęszczać do szkoły w ciągu ostatnich dwóch lat[151].

Według Berna-Waberna :

> "Duża liczba [kameruńskich uchodźców] przybyła drogą. Ale jedni przechodzą przez las, inni przez rzekę. Więc bardzo trudno jest je zapisać w naszych bazach danych. ...] Mamy trudności z zapewnieniem im wszelkiej pomocy, której potrzebują, ponieważ drogi są nieprzejezdne, a ci ludzie są rozproszeni w wioskach odległych od siebie. Niektórzy uciekli ze swoimi dziećmi. Kilku uchodźców spało w lesie przez kilka tygodni. Niektórzy mówią, że widzieli swoich bliskich ofiarą przemocy, więc czuli się w niebezpieczeństwie i dlatego uciekli. Odeszli z pustymi rękami"[152].

Uchodźcy przebywają z miejscowymi mieszkańcami, w nieczynnych szkołach i budynkach administracyjnych lub w "pośpiesznie rozstawionych namiotach tymczasowych w pobliżu domów społeczności lokalnej". Według ONZ, podmioty humanitarne - UNHCR, SEMA, Caritas i mniejsze organizacje - zapewniają 11 757 uchodźcom trzy posiłki dziennie i artykuły nieżywnościowe. Ponadto planują oni przeniesienie "ponad 21.000 uchodźców do bezpieczniejszych i bardziej odległych rejonów granicy". Do dnia 6 czerwca 2018 r. prawie 600 z nich przybyło do wioski Anyake, gdzie otrzymali tymczasowe schronienie i dostęp do wody. .[153]

[151] Ibid. str.16.
[152] Ibid. str. 17.
[153]Ibid. str. 17.

C. Wpływ społeczno-gospodarczy

Spadek produkcji rolnej, zamykanie działalności gospodarczej i bezrobocie

Ze względu na brak bezpieczeństwa, dostęp do obszarów i rynków produkcji rolnej został znacznie ograniczony, co pozbawiło znaczną część ludności środków do życia. W wyniku kryzysu zlikwidowano już około 6 400 miejsc pracy w sektorze formalnym, a jeśli konflikt będzie trwał nadal, w najbliższych miesiącach spodziewana jest utrata co najmniej 8 000 kolejnych. Ataki dotyczą również środków produkcji, w szczególności tych, które uważane są za łatwe do osiągnięcia (transport towarów), generujące przepływy pieniężne (małe przedsiębiorstwa, stacje benzynowe) lub te, które mają znaczenie strategiczne (infrastruktura telekomunikacyjna). Podczas protestów "ville morte" ("martwe miasto") rzemieślnicy i kupcy zostali poważnie dotknięci powtarzającymi się całkowitymi zamknięciami gospodarczymi miast[154]. W roku 2016 regiony anglojęzyczne były jednymi z najbardziej połączonych cyfrowo w Kamerunie, tuż za Douala i Yaoundé. Zamknięcie Internetu sparaliżowało kilka sektorów lokalnej gospodarki, zwłaszcza bankowość i mikrofinansowanie. Lokalna gospodarka opiera się na sektorze naftowym (9 proc. PKB), drzewie (4.5 procent), intensywne rolnictwo, w tym duże plantacje należące do Kameruńskiej Korporacji Rozwoju oraz inne mniejsze plantacje, które zaopatrują Douala i kraje Wspólnoty Gospodarczej i Walutowej Afryki Środkowej, a także kakao,[155] Zwłaszcza anglofony kauczukowe i południowcy często skarżą się na niski udział anglofonów w zatrudnieniu i na stanowiskach decyzyjnych w państwowych przedsiębiorstwach naftowych, takich jak National Refining Company (Société nationale de raffinage, Sonara) z siedzibą na południowym zachodzie oraz National Hydrocarbons Corporation (Société nationale des hydrocarbures, SNH). Kryzys uderzył we wszystkie sektory lokalnej gospodarki, z wyjątkiem węglowodorów i leśnictwa, co miało wpływ na niektóre sektory handlowe i przemysłowe w regionach frankońskich. Według kilku szacunków bezpośrednie koszty ograniczenia dostępu do samego Internetu wynoszą 2 mld CFA (3 mln EUR)[156].

Napięcie społeczne

Kryzys ujawnił podziały między frankofonami i anglofonami w Kamerunie. Frankofoni są na ogół nieświadomi przyczyn problemu anglofonów i patrzą na anglofonów, którzy nawołują do federalizmu lub secesji z mieszaniną ciekawości i podejrzliwości, a nawet żartują

[154] Sprawozdanie na temat ryzyka, *CAMEROON Przemoc wyborcza w regionach anglojęzycznych*, 20 września 2018 r., s.4.
[155] International Crisis Group, "Cameroon's Anglophone Crisis at the Crossroads", *Africa Report* N°250 | 2 August 2017,p.21.
[156] Ibid. s. 21-22.

z nich. Anglofoni są krytyczni wobec frankofonów z powodu braku solidarności. Podczas gdy wielu frankofonów twierdzi, że popiera postulaty anglofonów, ci ostatni uważają, że poparcie to jest tylko słowem i że frankofonowie nie rozumieją tak naprawdę problemów wynikających z bycia mniejszością. W rzeczywistości od października 2016 r. bardzo niewielu przedstawicieli frankońskich organizacji społeczeństwa obywatelskiego i partii politycznych odwiedziło region północno-zachodni i południowo-zachodni. Frankofoniczni nauczyciele nie okazali wsparcia dla swoich źle traktowanych anglojęzycznych kolegów. Gdy prawnicy anglojęzyczni zostali pobici i nielegalnie aresztowani, wsparcie ze strony adwokatury było opieszałe i ograniczone, co skłoniło niektórych prawników anglojęzycznych do wezwania do utworzenia własnej adwokatury[157]. Jedną z najbardziej dramatycznych konsekwencji było zniszczenie przez wojsko pałacu Bafut, dziedzictwa kulturowego, które przyciąga turystów i jest klasyfikowane jako

Kolejną przeszkodą jest to, że większość frankofonów sprzeciwia się federalizmowi i preferuje skuteczną decentralizację. Niektórzy frankofoni krytykują także anglofonów za "tribalizujące" kwestie i sprawiają, że brzmi to tak, jakby byli jedynymi dotkniętymi problemami, które w rzeczywistości są narodowe. Zwracają uwagę, że niektóre regiony frankofońskie są mniej zamożne od regionów anglojęzycznych. Frankofoniczni nauczyciele w strefie anglojęzycznej skarżą się na dyskryminację na uniwersytetach, natomiast frankofoniczni obywatele skarżą się na ich stygmatyzację i apele o przemoc wobec nich wystosowane od stycznia 2017 roku. Niektórzy frankofoni śmieją się z anglofonów i popierają represje rządowe. Istnieją oczywiście wyjątki, takie jak Abouem Atchoyi, były minister szkolnictwa wyższego i były gubernator południowo-zachodniej i północno-zachodniej części kraju, który w styczniu 2017 roku opublikował długi artykuł potwierdzający zasadność postulatów anglojęzycznych[158].

Innym ważnym przypadkiem było ujawnienie niektórych anglofonów w prostytucji w niektórych ośrodkach miejskich, jak na przykład: Douala, Bafoussam, Yaounde i inni w innych, aby utrzymać się przy życiu, jak również gwałty popełniane na kobietach, w strefie wojny zarówno przez siły rządowe, jak i separatystów zbrojnych.

Degradacja edukacyjna

Edukacja była kluczowym problemem przez cały czas trwania kryzysu, ponieważ jednym z czynników napędzających konflikt w 2016 roku były wezwania do nauczania języka

157 Ibid. str. 22.
158 Ibid. str. 22.

angielskiego w szkołach w kameruńskich regionach anglojęzycznych. W ramach bojkotu kameruńskiego systemu edukacji, secesjonistyczne grupy zbrojne aktywnie zniechęcają rodziców do posyłania swoich dzieci do szkoły. Ponadto, obiekty edukacyjne są rutynowo wykorzystywane, od 2016 roku spłonęło ponad 70 szkół, a ataki na szkoły są regularnie zgłaszane. W regionach północno-zachodnich i południowo-zachodnich sytuacja w zakresie edukacji jest nadal niepokojąca. W strefach dotkniętych chorobą kilka szkół nie było w stanie funkcjonować przez dwa kolejne lata szkolne i nic nie wskazuje na to, aby sytuacja miała się poprawić w nadchodzącym roku szkolnym, narażając tysiące dzieci na ryzyko całkowitej utraty edukacji. Rodzice coraz częściej wycofują swoje dzieci ze szkoły ze względu na obawy związane z ochroną. Dzieci pozaszkolne są narażone na wykorzystywanie seksualne i ekonomiczne, przemoc domową i SGBV. Sytuacja jest jeszcze poważniejsza w przypadku dzieci IDP, które odnotowują dramatycznie niski wskaźnik frekwencji[159].

[159] Sprawozdanie na temat ryzyka, CAMEROON Przemoc wyborcza w regionach anglojęzycznych, 20 września 2018 r., s. 3-4.

Rozdział VIII

PRÓBY ROZWIĄZAŃ MAJĄCYCH NA CELU ZAKOŃCZENIE KRYZYSU

Trwałe rozwiązanie problemu anglofonii wymaga działań mających na celu uspokojenie sytuacji i odbudowę zaufania między rządem a podmiotami anglojęzycznymi, spójnych działań w odpowiedzi na wymagania sektorowe oraz reform instytucjonalnych mających na celu rozwiązanie krajowego problemu zarządzania, którego objawem jest kwestia anglofonii. Jest mało prawdopodobne, aby którykolwiek z tych środków został podjęty bez międzynarodowej presji. Pierwszym ważnym gestem byłby dyskurs o tolerancji, otwartości na dialog i uznaniu problemu anglofońskiego przez głowę państwa. Następnie należy natychmiast podjąć szereg działań mających na celu uspokojenie sytuacji: uwolnić członków konsorcjum; zaprosić zesłańców do powrotu do kraju; wstrzymać postępowanie sądowe przeciwko duchownym anglojęzycznym; wszcząć postępowanie sądowe przeciwko siłom bezpieczeństwa odpowiedzialnym za nadużycia; przedyskutować kwestię federalizmu i secesji z udziałem społeczności międzynarodowej; rząd powinien również zwiększyć inwestycje publiczne i gospodarcze w strefie anglojęzycznej oraz dopilnować, aby większość sił bezpieczeństwa oraz organów administracyjnych i prawnych tam rozmieszczonych była anglofonami. Wreszcie, powinna ona stosować środki, które zapowiedziała lub o których zadecydowała wraz z konsorcjum i podjąć dodatkowe środki w celu wzmocnienia na wpół autonomicznego charakteru anglojęzycznych systemów edukacyjnych i prawnych[160]. Rząd powinien wspierać Konferencję Generalną anglofonów, aby umożliwić im wyznaczenie przedstawicieli do dialogu narodowego, dając jednocześnie nieseparatystycznym anglofonom możliwość wyrażenia swojego punktu widzenia. Prezydent Kamerunu powinien przyjąć postawę pojednawczą i uznać istnienie problemu anglofonii oraz zasadność żądań anglofonów; nakazać przeprowadzenie dochodzenia w sprawie nadużyć ze strony sił bezpieczeństwa; zapewnić zadośćuczynienie ofiarom i odbudowę dotkniętych obszarów; a także uwolnić setki zatrzymanych obecnie działaczy anglofonicznych, w tym ważnych członków ruchu separatystycznego. Separatyści powinni wyrzec się swojej strategii poniedziałkowych "miast-duchów" (strajków generalnych) i bojkotu szkolnego oraz wydalić bojowników winnych nadużyć wobec ludności cywilnej. Połączenie nacisków wewnętrznych i międzynarodowych mogłoby doprowadzić zarówno rząd, jak i separatystów do takich ustępstw. Podmioty

[160]International Crisis Group, "Cameroon's Anglophone Crisis at the Crossroads", Africa Report N°250 | 2 sierpnia 2017.

międzynarodowe mogłyby nagradzać strony, które zgodzą się na złagodzenie swoich stanowisk i sankcjonować tych, którzy pozostają nieprzejednani. Europejczycy i Amerykanie powinni w szczególności rozważyć wprowadzenie ukierunkowanych sankcji przeciwko przywódcom rządów i wyższym rangą oficerom armii, którzy nadal utrudniają dialog (zakazy podróżowania, zamrożenie aktywów) oraz separatystom, którzy zachęcają do przemocy lub ją organizują (postępowanie sądowe). Prokurator Międzynarodowego Trybunału Karnego powinien rozpocząć wstępne badania nad nadużyciami popełnianymi przez obie strony, aby podkreślić, że ściganie przemocy będzie miało konsekwencje sądowe. Podmioty międzynarodowe są jednak podzielone co do tego, jakie stanowisko należy przyjąć i jakie środki należy podjąć, i powinny one najpierw wypracować wspólne stanowisko, przynajmniej wśród krajów zachodnich[161]. Wiele rozwiązań zostało zaproponowanych przez ONZ, Unię Afrykańską, a nawet kameruńskich partnerów zagranicznych, takich jak Wielka Brytania, Stany Zjednoczone, Francja, Chiny, Niemcy, ale rząd sprawił, że wyglądają one na ciepłe. Większość anglofonów opowiada się za pełną niezależnością, a niewielka liczba za federacją i decentralizacją.

Wewnętrznie frankofoni i anglofoni kameruńscy, którzy opowiadają się za kompromisem, powinni mobilizować się do wywierania presji na separatystów i rząd. W szczególności federaliści powinni współpracować w celu wzmocnienia swojej pozycji w rozmowach. Powinny one kontynuować dialog z separatystami i zachęcać ich do łagodzenia swoich stanowisk, a także zwiększać presję na władze, aby otworzyć się na mniej nieprzejednanych separatystów. Wreszcie, powinni oni przeprowadzić międzynarodową kampanię promującą pokojowe rozwiązania. Po ustanowieniu zaufania konieczne będą wstępne rozmowy pomiędzy rządem, przedstawicielami federalistów i separatystów. Powinny one mieć miejsce poza granicami kraju. W trakcie tego procesu podmioty międzynarodowe, zwłaszcza USA, Szwajcaria, Watykan, ONZ, UE (zwłaszcza Francja, Niemcy i Wielka Brytania) oraz Unia Afrykańska (UA) powinny nadal zachęcać rząd do dialogu oraz oferować finansowanie i wsparcie dla rozmów. W przypadku prowadzenia dialogu mogłyby one również przyczynić się do sfinansowania wypłat odszkodowań dla ofiar nadużyć, odbudowy regionów anglojęzycznych, powrotu uchodźców i przesiedleńców wewnętrznych oraz rozbrojenia i demobilizacji byłych bojowników. Biorąc pod uwagę poziom przestępczości między stronami, obecność mediatora międzynarodowego będzie konieczna podczas rozmów przygotowawczych, a następnie w trakcie dialogu krajowego. Od początku konfliktu kilka

---

[161]International Crisis Group, "Cameroon's Anglophone Crisis: How to Get to Talks? ",Raport [nr 272] / Afryka 2 maja 2019.

państw oraz instytucji i organizacji międzynarodowych zaoferowało możliwość prowadzenia mediacji. ONZ, UA, Kościół katolicki i Szwajcaria wydają się być w najlepszej pozycji do odegrania tej roli, ponieważ strony konfliktu postrzegają je jako stosunkowo neutralne[162]. W szerszym ujęciu konflikt uwypukla niedociągnięcia kameruńskiego scentralizowanego modelu zarządzania i podnosi dwie kluczowe kwestie, którymi musi zająć się rząd: potrzebę poprawy sposobu, w jaki państwo radzi sobie z prawami mniejszości, dziedzictwem kolonialnym i specyfiką kulturową; oraz potrzebę bardziej sprawiedliwej i uczciwej redystrybucji bogactwa kraju. Trwałe rozwiązanie konfliktu wymaga dialogu i konsensusu, które są niezbędne do podjęcia reform instytucjonalnych i reform w zakresie sprawowania rządów, których potrzebuje Kamerun. Jedynym rozwiązaniem było albo przyznanie im pełnej niezależności, albo zmiana systemu rządów na federacyjny. Powinny one również obejmować przydział środków na pomoc dla osób przesiedlonych wewnątrz kraju i uchodźców, rekompensatę dla tych, którzy ponieśli straty, utworzenie komisji pojednawczej, a także uczczenie dnia kryzysu anglojęzycznego. Rząd powinien nawiązać dialog z separatystami, aby zakończyć kryzys, zgodnie z propozycją ONZ i innych partnerów zagranicznych.

A. Instrument dialogu między przywódcami południowego Kamerunu a rządem

Dialog między rządem Kamerunu a przywódcami secesjonistów jest pilnie potrzebny, aby rozwiązać długotrwałe spory w społeczności anglojęzycznej i zapobiec dalszej eskalacji konfliktu. Nic jednak nie wskazuje na to, by miało to miejsce gdzieś w pobliżu. Chociaż secesjoniści wielokrotnie wzywali do międzynarodowej mediacji w celu rozwiązania konfliktu, rząd odrzucił propozycje ONZ i kilku zagranicznych ambasad[163].

Rozwiązanie kryzysu anglofońskiego będzie ostatecznie wymagało od rządu i anglofonów przedstawienia swoich poglądów bezpośrednio sobie nawzajem. Musi to obejmować separatystów, biorąc pod uwagę ich kontrolę nad uzbrojonymi bojówkami. Pewne wzajemne ustępstwa mogłyby zbudować zaufanie między walczącymi prądami i przerwać cykl destrukcji. Podmioty międzynarodowe powinny naciskać na wzajemne ustępstwa na każdym etapie, aby zapewnić, że rozmowy nie utkną w martwym punkcie.

Rząd:

---

[162] International Crisis Group, "Cameroon's Anglophone Crisis: How to Get to Talks? ",Raport [nr 272] / Afryka 2 maja 2019.

[163]Sprawozdanie na temat ryzyka, CAMEROON Przemoc wyborcza w regionach anglojęzycznych, 20 września 2018 r., s. 2.

Prezydent Republiki powinien przyjąć postawę pojednawczą, uznać istnienie problemu anglofonii oraz fakt, że siły bezpieczeństwa dopuściły się nadużyć, a także zgodzić się na uwzględnienie postulatów anglofonii dotyczących autonomii;

Powinien on zarządzić przeprowadzenie dochodzenia w sprawie nadużyć ze strony sił bezpieczeństwa, zapewnić ofiarom odszkodowania i rozpocząć odbudowę dotkniętych obszarów;

Powinien on dokonać poważnych zmian w rządzie i na wyższych szczeblach administracji oraz sił obronnych i bezpieczeństwa, aby oczyścić tych, którzy podsycają konflikt, z mowy nienawiści, oraz zintegrować nieseparatystycznych anglofonów, którzy są postrzegani jako wiarygodni przez anglofonów;

Powinien wykazać gotowość do respektowania anglosaskich cech anglojęzycznego systemu edukacji i sądownictwa.

Rząd nie powinien stawiać warunków do dialogu z separatystami na temat formy państwa (decentralizacja, regionalizm, federalizm), nawet jeśli uważa, że jedność kraju nie podlega negocjacjom.

Rząd powinien wysłać silny sygnał o swoich zamiarach stworzenia korzystnego środowiska dla rozmów, uwalniając setki anglojęzycznych aktywistów i kluczowych aktorów, takich jak członkowie IG i nadawca radiowy Mancho Bibixy.

Powinna ona raczej zachęcać niż utrudniać anglojęzyczną Konferencję Generalną, aby wzmocnić zwolenników federalizmu i decentralizacji przeciwko tym, którzy popierają separatyzm.

Wreszcie, rząd powinien odroczyć zbliżające się wybory regionalne, które mogą wywołać przemoc w regionach anglojęzycznych, tak aby wybory te odbyły się dopiero po Konferencji Generalnej anglojęzycznej i krajowym dialogu na temat formy państwa[164].

Separatystów:

Separatyści powinni najpierw rozpocząć wewnętrzny dialog. Bardziej pragmatyczni spośród nich powinni nakłaniać swoich kolegów, w tym tych, którzy stracili członków rodziny, do zrozumienia, że walka zbrojna nie otrzyma żadnego wsparcia ze strony podmiotów

---

[164] INTERNATIONAL CRISIS GROUP,Cameroon's Anglophone Crisis: How to Get to Talks?, Africa Report N°272 | 2 May 2019,s. 23-24.

międzynarodowych i że stanowi polityczną kulminację. Jest to tym ważniejsze, że bardziej nieprzejednane elementy cieszą się poparciem znacznej części oddolnych działaczy i są kluczowe dla uniknięcia poważnych nieporozumień w ruchu separatystycznym, które komplikują kroki w kierunku dialogu. Gdy nurty opiniotwórcze w ruchu separatystycznym osiągną wspólne stanowisko, mogą rozpocząć rozmowy z federalistami przed rozmowami z rządem Kamerunu. Aby pokazać swoją dobrą wiarę, powinni porzucić swoją szkolną strategię bojkotu.

Separatyści prawdopodobnie nadal będą nalegać, aby rozmowy obejmowały separację. Biorąc jednak pod uwagę, że podmioty międzynarodowe nie popierają secesji, powinny być od początku gotowe do dyskusji na temat innych opcji, które spełniłyby anglojęzyczne żądania większej autonomii i poszanowania specyfiki ich regionów.

W zamian za ukaranie członków sił bezpieczeństwa odpowiedzialnych za nadużycia, separatyści powinni wykluczyć bojowników, którzy popełnili okrucieństwa wobec ludności cywilnej.

W końcu powinni porzucić swoją strategię "Ghost Town"[165].

Federaliści:

Powinni oni prowadzić rozmowy z mniej nieprzejednanymi separatystami, aby spróbować przekonać ich do udziału w anglojęzycznej konferencji generalnej.

Powinny one przeprowadzić międzynarodową kampanię na rzecz pokojowego rozwiązania konfliktu, aby uniknąć pozostawienia międzynarodowego pola manewru wyłącznie separatystom.

Wreszcie, jeśli rząd Kamerunu nadal będzie sprzeciwiał się anglojęzycznej Konferencji Generalnej, powinien zaproponować zorganizowanie jej poza Kamerunem. Taki krok wymagałby materialnego wsparcia ze strony partnerów tego kraju, w tym UE i Stanów Zjednoczonych[166].

Instytucje religijne wydają się być jedynymi mediatorami, którym obie strony ufają i którzy pomagają w nawiązaniu dialogu politycznego. W tym celu w dniach 21-22 listopada

[165] INTERNATIONAL CRISIS GROUP,Cameroon's Anglophone Crisis: How to Get to Talks?, Africa Report N°272 | 2 May 2019,p.24.
[166] INTERNATIONAL CRISIS GROUP,Cameroon's Anglophone Crisis: How to Get to Talks?, Africa Report N°272 | 2 May 2019,p.24-25.

2018 r. z inicjatywy czterech przywódców religijnych z Kościoła katolickiego, Kościoła prezbiteriańskiego oraz meczetów centralnych Bamenda i Buea, ma się odbyć ogólna konferencja anglojęzyczna, skupiająca różne zainteresowane strony, głównie ze strony rządu i secesjonistów. Pierwotnie planowano go na 29-30 sierpnia 2018 r., ale został on przełożony, aby zapewnić udział wszystkich uczestników. Secesjonistyczne grupy zbrojne początkowo odmówiły udziału. Nie jest jasne, czy wezmą udział w konferencji w listopadzie. Bez pokojowego rozwiązania kryzysu anglofońskiego reperkusje mogą mieć wpływ nie tylko na stabilność regionu, ale i całego kraju[167].

Prezydent Republiki Paul Biya zadeklarował 10 września 2019 roku dialog narodowy, którego celem będzie doprowadzenie do rozwiązania kryzysu anglojęzycznego, który rozpocznie się od 30 września do 4 października 2019 roku. Wezwanie Paula Biyi do dialogu zostało skrytykowane z powodu braku partnerów międzynarodowych, takich jak Stany Zjednoczone, Wielka Brytania, Francja, Zjednoczone Królestwo, Zjednoczone Królestwo, Zjednoczone Królestwo, Zjednoczone Królestwo, które będą dążyć do wniesienia wkładu w zakończenie kryzysu. W Kamerunie dialog narodowy rozpoczął się 30 września 2019 roku w centrum kongresowym w Jaunde, zwołanym przez prezydenta Paula Biya, a jego celem było znalezienie rozwiązań kryzysu w dwóch regionach anglojęzycznych, trwającego już od 3 lat. W ramach spotkania narodowego utworzono osiem komisji, których prace otworzył premier Joseph Dion Ngute. W pierwszym z nich omówione zostaną kwestie dwujęzyczności, różnorodności kulturowej i spójności społecznej. Druga komisja omówi system edukacji, a trzecia komisja system sądownictwa. Czwarta i piąta komisja zajmą się odpowiednio sprawami związanymi z decentralizacją i rozwojem lokalnym, a także odbudową i rozwojem regionów dotkniętych kryzysem. Szósta komisja będzie się zastanawiać nad powrotem uchodźców i wysiedleńców, siódma nad rozbrojeniem, demobilizacją i reintegracją byłych uczestników walk. Ostatnia komisja, ósma, zastanowi się nad rolą diaspory i nad rozwojem Kamerunu. W 2016 roku akcja strajkowa zainicjowana przez prawników i nauczycieli stała się miesiąc później ruchem pro-niezależnym. Ta akcja strajkowa została zainicjowana w celu wprowadzenia wymogu uwzględnienia specyfiki regionów anglojęzycznych w zarządzaniu sprawami publicznymi w kraju. Od tego czasu członkowie sił obronnych i pro-separatyści walczą prawie codziennie. Ten wewnętrzny konflikt pochłonął już 2.000 istnień ludzkich i przesiedlił setki tysięcy osób. Zniszczyła ona również tkankę ekonomiczną regionów. Należy zatem mieć

[167]Sprawozdanie na temat ryzyka, CAMEROON Przemoc wyborcza w regionach anglojęzycznych, 20 września 2018 r., s. 1. 2-3.

nadzieję, że dialog na szczeblu krajowym, który zakończy się 4 października 2019 r., doprowadzi do ożywienia kryzysowego[168].

Kurtyny spadły na wielki dialog narodowy zwołany przez prezydenta Paula Biyę w jego przemówieniu do narodu 10 września ubiegłego roku. Spotkanie to, któremu przewodniczył premier Joseph Dion Ngute, zaowocowało rezolucjami, które zostaną przedłożone prezydentowi Paulowi Biya do rozpatrzenia. Rzeczywiście, wśród innych rezolucji, uczestnicy zarekomendowali:

- przyjęcie specjalnego statusu dla dwóch anglojęzycznych regionów spustoszonych przez przemoc. Gdyby wniosek ten został przyjęty, dałby zainteresowanym regionom większą autonomię finansową;
- Na szczeblu politycznym ludzie będą mieli możliwość wyboru swoich lokalnych gubernatorów, wcześniej wyznaczonych przez władzę wykonawczą;
- przywrócenie Domu Tradycyjnych Liderów w tych dwóch regionach;
- natychmiastowe wznowienie niektórych projektów lotnisk i portów morskich w obu regionach;
- szybkiej integracji byłych bojowników ze społeczeństwem;
- nazwa kraju zostanie zwrócona do dawnej nazwy Zjednoczonej Republiki Kamerunu;
- wprowadzenie w życie ustawy, zgodnie z którą urzędnicy państwowi deklarują swój majątek, w celu zwalczania korupcji.

Zaproponowali oni również uwolnienie więźniów politycznych w związku z kryzysem. I bez zwłoki, 333 osoby zostały zwolnione po interwencji prezydenta. Ponadto w ramach szeroko zakrojonego dialogu krajowego zalecono zastosowanie decentralizacji, przepisu zawartego w ustawie zasadniczej z 1996 r., który nie był jeszcze stosowany. Na liście propozycji znalazło się również utworzenie Komisji Prawdy, Sprawiedliwości i Pojednania. W celu rygorystycznej realizacji tych sugestii uczestnicy nalegali na konieczność opracowania planu działania, harmonogramu oraz organu monitorującego wdrażanie zaleceń. Należy pamiętać, że powrót do federalizmu został wykluczony[169].

Mimo że wprowadzono w życie rezolucję, w procesie dialogu nie uczestniczyły kluczowe osobistości, takie jak Akere Muna, Kah Walla, a przywódcy separatystyczni byli nieudaną

---

[168] *https://www.businessincameroon.com/politics/3009-9543-cameroon-the-national-dialogue-has-started-today-sept-30-2019*

[169] beninwebtv.com/en/2019/10/, *Kamerun koncentruje się na głównych rezolucjach krajowych dialogów.*

próbą rozwiązania kryzysu anglojęzycznego z powodu braku międzynarodowych mediatorów, takich jak ONZ, UE czy UA, a także partnerów zagranicznych Kamerunu, takich jak : Francja, Wielka Brytania, USA, Kanada, Niemcy itd.

B. Utworzenie komisji pojednawczej

Proces pojednania

Coraz bardziej brutalny charakter konfliktów frakcyjnych i celowe wykorzystywanie przynależności etnicznej do promowania konfliktów stwarzają głębokie podziały w społeczeństwie. Ponowna integracja bojowników ze społeczeństwem stała się trudniejsza w ciągu ostatniej dekady z powodu przemocy, jaką wyrządzili społeczności. Republika Południowej Afryki utorowała drogę do rozwiązania problemów związanych z pojednaniem po zakończeniu konfliktu. Inne kraje afrykańskie uznały, że pojednanie musi zostać zahamowane poprzez wyraźne zobowiązanie do położenia kresu klimatowi bezkarności za niedopuszczalne stosowanie przemocy. Skuteczne rozwiązywanie konfliktów w Afryce zależy od procesów pojednania i sprawiedliwości, które powinny działać zarówno na szczeblu krajowym, jak i lokalnym w celu reintegracji ludzi z ich społecznościami[170].

Aby uspokoić sytuację, rząd powinien powołać komisję do spraw dialogu i pojednania, w której rząd powinien przeprosić za okrucieństwa, jakie popełnił na społeczności anglojęzycznej. Może być możliwość stworzenia daty w innej dla upamiętnienia masakry anglojęzycznych Kameruńczyków.

C. Zmiana systemu rządów na federalizm lub przyznanie pełnej niezależności w drodze referendum

Pełna niezależność w drodze referendum

Wśród pragnień lub aspiracji anglojęzycznych Kameruńczyków jest pełna niezależność, którą musi uznać Organizacja Narodów Zjednoczonych. Wielu anglofonów Kamerunów ma w ONZ, a także w niektórych innych krajach, takich jak Stany Zjednoczone, Wielka Brytania, RPA, Niemcy, Włochy, swoje uznanie dla nowego narodu. Tymi ruchami kierowali Ebenezer Akwanga, Frederick Alobwede Ebong, Julius Sisiku Ayuk Tabe, Cho Lucas Ayaba, Benedict Nwana Kuah, Ayamba Peter, Nso Foncha Nkem, Mark Bareta, Tapang Ivo, Franckline Verla i

[170] Department for International Development Foreign and Commonwealth office MINISTRY OF DEFENCE , The causes of conflict in Africa - consultation document - The National Archives, London , March 2001,p.16.

inni. Ale ten ruch popiera 70 procent ludności, która postrzega go jako sposób na uwolnienie się od wyzysku, marginalizacji.

Zmiana systemu rządów na federalizm

Chociaż podziały etniczne w Kamerunie nigdy nie osiągnęły poziomu wojny domowej, demonstracje w anglojęzycznych prowincjach na rzecz większych praw politycznych osiągnęły poziom, na którym niektórzy zginęli, niektórzy zostali ranni, a inni aresztowani, co pokazuje, że istnieje regionalny i etniczny konflikt pomiędzy anglofonami i frankofonami. Przedstawia również technikę strukturalną stosowaną w celu ograniczenia konfliktów etnicznych i promowania zakwaterowania, która może być przydatna w rozwiązaniu problemu anglofonii w Kamerunie. Zakwaterowanie odnosi się do sposobów, w jakie grupy etniczne mogą tolerować, rozumieć i rozważać siebie nawzajem w swoich różnicach. Technika strukturalna obejmuje federalizm lub autonomię regionalną jako środek redukcji konfliktów[171]. Federalizm jest systemem rządów, w którym poszczególne państwa mają kontrolę nad własnymi sprawami, ale są kontrolowane przez rząd centralny w zakresie decyzji krajowych. Przedstawia on nigeryjski przykład pokazujący, że federalizm może albo zaostrzać, albo łagodzić konflikty etniczne w zależności od liczby państw członkowskich w federacji, ich granic i składu etnicznego. Eksperyment nigeryjski pokazuje znaczenie kontekstu politycznego w kształtowaniu przejawów konfliktów etnicznych, a projektowanie terytorialne może okazać się użytecznym instrumentem redukcji konfliktów[172]. Anglofoni w Kamerunie zawsze walczyli o stan federalny, w którym mogą kontrolować własne sprawy, a Elżbieta podkreśla sposoby, w jakie federalizm może ograniczyć konflikty etniczne, jak również sposób, w jaki federalizm może rodzić konflikty, tak więc gdyby anglofoni spełnili dziś swoje życzenie, nie ma bardzo mocnych dowodów na to, że problem anglofonów zostanie rozwiązany. Trzy sposoby, o których wspomina, są następujące;

1) Federalizm może tworzyć elementy polityczne, w których partie etniczne i subetniczne mogą się rozwijać. Przykładem może być fakt, że grupa, która jest mniejszością w centrum, może być większością w jednym lub kilku państwach i może być w stanie rządzić tymi państwami, pokonując w ten sposób swój ograniczony wpływ lub nawet wykluczenie w centrum.

---

[171] Elizabeth Ambang Akum , THE ANGLOPHONE PROBLEM IN CAMEROON: POLITICAL REPRESENTATION AND SOCIO--ECONOMIC DEVELOPMENT, Faculty of Social Science, Master's Thesis in Development Studies, Lund University, May 2009,p. 38-39.
[172] Ibid. str. 40.

2) Rządy państwowe stwarzają możliwości rozwoju stosunków między elitami etnicznymi, które czasami łagodzą etniczną wrogość wśród polityków.

3) Tworzenie etnicznie niejednorodnych państw może pomóc w ograniczeniu do poziomu państwa niektórych kwestii związanych z podziałami, które w przeciwnym razie mogłyby pochłonąć cały kraj. Mówi, że federalizm nie jest dla każdego. Można bezpiecznie powiedzieć, że federalizm ma pewne możliwości ograniczania konfliktów w niektórych krajach, a w innych nie[173].

W swoim przemówieniu na zakończenie roku 2018 Paul Biya obiecał "przyspieszyć decentralizację" i zorganizować wybory regionalne w 2019 roku. Przyspieszenie decentralizacji mogłoby być pierwszym pozytywnym krokiem, o ile nie ograniczy się ono do organizacji wyborów regionalnych. W celu zmniejszenia napięć, rząd powinien przełożyć te wybory na okres po zakończeniu dialogu narodowego oraz po wyborach samorządowych i parlamentarnych. Bez uprzedniego dialogu integracyjnego i modyfikacji ustaw o decentralizacji, wybory te mogą wywołać nową sekwencję przemocy w regionach anglojęzycznych, ponieważ separatyści będą próbowali zakłócić głosowanie i doprowadzić do napięć społecznych na obszarach frankońskich. Gdyby odbyły się one przed wyborami samorządowymi, wybory regionalne tylko wzmocniłyby dominującą pozycję partii rządzącej, Kameruńskiego Ruchu Ludowo-Demokratycznego (RDPC), który posiada większość w radach gminnych, które wybierają rady regionalne[174]. W trakcie rozmów rząd powinien pokazać się jako gotowy do podjęcia następujących działań dotyczących formy państwa:

Rewizja konstytucji w celu znacznej poprawy ram prawnych dotyczących decentralizacji, w tym bezpośrednich wyborów przewodniczących i rad regionalnych.

Ustanowienie administracji regionalnej; likwidacja stanowiska delegata rządu; ograniczenie roli gubernatora do funkcji nadzorczej; przyznanie administracji regionalnej znacznej autonomii finansowej i administracyjnej; oraz poszerzenie uprawnień podatkowych i podstawy opodatkowania władz lokalnych. Rząd powinien zwiększyć udział środków przekazywanych z rządu centralnego do regionów i gmin z 1 do 10-30 procent budżetu krajowego, tak jak w

[173] Ibid. str. 40.
[174] Crisis Group interviews, separatists and political leaders, Douala, październik 2018.

krajach, w których regiony korzystają z dużej autonomii, na przykład we Włoszech, oraz w wysoce zdecentralizowanych krajach Afryki, takich jak Kenia[175].

W trakcie rozmów i w następstwie opisanych powyżej środków budowy zaufania rząd powinien zaproponować podjęcie następujących reform instytucjonalnych i reform w zakresie zarządzania:

Priorytetem reformy instytucjonalnej musi być większe uwzględnienie specyfiki systemów edukacji i sądownictwa w regionach anglojęzycznych. Rząd powinien zapewnić pełne stosowanie prawa powszechnego w regionach anglojęzycznych i odpowiedzieć w dobrej wierze na żądania sformułowane w grudniu 2016 r. przez związki nauczycieli i studentów dotyczące anglosaskiej charakterystyki szkół i uniwersytetów w regionach anglojęzycznych[176].

Drugi priorytet polega na zagwarantowaniu lepszej reprezentacji anglofonów w centralnym rządzie i administracji oraz zwiększonym przydziale budżetu na inwestycje publiczne dla regionów anglojęzycznych, w tym na odbudowę miejsc dotkniętych konfliktem.

Wreszcie, Komisja ds. dwujęzyczności i wielokulturowości musi uzyskać większą niezależność i obejmować przedstawicieli wszystkich tendencji anglojęzycznych[177].

Po osiągnięciu porozumienia, rozbrojenie oraz społeczna i ekonomiczna reintegracja bojówek może doprowadzić do demobilizacji bojowników. Rząd powinien wydać specjalny dekret w sprawie DDR dla byłych bojowników-separatystów. Umowa powinna również obejmować amnestie dla więźniów politycznych zatrzymanych z powodu poparcia dla secesji oraz umożliwiać przywódcom separatystów powrót do Kamerunu, udział w polityce i kandydowanie w wyborach lokalnych, legislacyjnych i regionalnych.

Wybitni przywódcy anglojęzyczni, którzy opowiadają się za federalizmem są: Cadinal Christian Tumi, Ni John Fru Ndi, Akere Muna, Agbor.

D. Dotarcie do rozmów i międzynarodowego wsparcia[178]

Nie będzie łatwo dotrzeć do rozmów, ponieważ separatyści nie uznają zasadności rządu, który z kolei nie będzie tolerował kwestionowania jedności państwa. Co więcej, Jaunde uważa, że poczyniła już zbyt wiele ustępstw i wskazuje, że podjęła już kilka inicjatyw w zakresie dialogu. Te ostatnie są jednak dalekie od tego, co jest konieczne, a działania międzynarodowe mają kluczowe znaczenie dla zorganizowania integracyjnego dialogu. Ostateczne rozmowy pomiędzy rządem a przedstawicielami anglojęzycznymi, w tym separatystami, powinny odbyć

175 INTERNATIONAL CRISIS GROUP,Cameroon's Anglophone Crisis: How to Get to Talks?, Africa Report N°272 | 2 May 2019,p.27.

176 Crisis Group Report, Cameroon's Anglophone Crisis at the Crossroads, op. cit.

177 INTERNATIONAL CRISIS GROUP,Cameroon's Anglophone Crisis: How to Get to Talks?, Africa Report N°272 | 2 May 2019,p.27.

178 INTERNATIONAL CRISIS GROUP,Cameroon's Anglophone Crisis: How to Get to Talks?, Africa Report N°272 | 2 May 2019,p.25.

się w Kamerunie. Władze muszą zagwarantować bezpieczeństwo uczestników i zapewnić bezpieczne przejście przedstawicielom separatystów. Dyskusje przygotowawcze między przedstawicielami rządu, federalistów, diaspory i separatystów powinny odbywać się za granicą w obecności mediatorów[179].

Najbardziej wiarygodni mediatorzy w oczach obu stron - ONZ, UA, Szwajcarii, Kościoła katolickiego (Konferencja Episkopatu, Sant'Egidio czy nawet Watykanu) zaproponowali już mediację. Biorąc pod uwagę głębokie niezgody między obiema stronami oraz obecne lub potencjalne podziały w ich obrębie, dyskusje przygotowawcze będą złożone i mogą zająć trochę czasu. Dlatego też ważne będzie stworzenie międzynarodowego zespołu wyposażonego w siłę polityczną i wystarczające doświadczenie, aby skłonić ludzi do zmiany stanowiska, wywrzeć presję na Jaunde i zmobilizować wsparcie innych kluczowych podmiotów, takich jak Nigeria. W przypadku braku wiodącej roli ONZ mediacja mogłaby odbywać się pod egidą UA, jeżeli miałaby ona solidne wsparcie ze strony ONZ[180]. Trudno będzie przekonać władze Kamerunu do zaakceptowania takiej mediacji, ponieważ chcą one uniknąć umiędzynarodowienia tej kwestii, utrzymać inicjatywę i czerpać polityczny kredyt z jakiegokolwiek ewentualnego porozumienia. Ale kryzys anglofoński jest obecnie zagrożeniem dla stabilności Kamerunu i podregionu. Podmioty międzynarodowe, zwłaszcza Afrykańczycy (UA i Nigeria), muszą działać w sposób bardziej skoordynowany, formułować wspólne stanowiska i naciskać na rząd Kamerunu, aby zaakceptował zakres zagrożenia: konflikt zbrojny, który jest trzy razy bardziej śmiertelny niż Boko Haram na Dalekiej Północy i który pogarsza się z każdym miesiącem[181].

Ogólnie rzecz biorąc, podmioty europejskie i amerykańskie muszą współpracować w celu skłonienia stron do podjęcia stopniowych, lecz istotnych działań. Mogłyby one stanowić zachętę dla rządu, zgadzając się na finansowanie rozbrojenia, demobilizacji i reintegracji (DDR) byłych uczestników walk oraz spotkań przygotowawczych mających na celu przygotowanie dialogu na terytorium Kamerunu i za granicą. Mogłyby one również zaoferować pomoc w finansowaniu odbudowy regionów anglojęzycznych, rządowych odszkodowań dla rodzin i innych ofiar nadużyć, powrotu uchodźców i przesiedleńców wewnętrznych, a także

---

[179] INTERNATIONAL CRISIS GROUP,Cameroon's Anglophone Crisis: How to Get to Talks?, Africa Report N°272 | 2 May 2019,p.25.

[180] INTERNATIONAL CRISIS GROUP,Cameroon's Anglophone Crisis: How to Get to Talks?, Africa Report N°272 | 2 May 2019,p.25.

[181] INTERNATIONAL CRISIS GROUP,Cameroon's Anglophone Crisis: How to Get to Talks?, Africa Report N°272 | 2 May 2019,p.25.

rządowego planu pomocy humanitarnej, pod warunkiem, że będzie on skoordynowany z działaniami ONZ i organizacji humanitarnych już obecnych na miejscu. Powinni również spróbować przekonać prezydenta Biyę, że pokojowe rozwiązanie kryzysu anglofońskiego byłoby zaszczytnym dziedzictwem.

Stany Zjednoczone i UE powinny rozważyć zastosowanie ukierunkowanych sankcji (zakaz podróżowania, zamrożenie aktywów) wobec wyższych rangą przywódców rządowych i wyższych rangą oficerów armii, którzy utrudniają dialog lub nadal dopuszczają się nadużyć, oraz wobec separatystów, którzy nadal opowiadają się za przemocą i ją organizują, wzywając do ataków na francuskojęzyczną ludność cywilną oraz finansując lub dowodząc bojówkami separatystycznymi (postępowania sądowe, nieodnawianie zezwoleń na pobyt). Stany Zjednoczone i UE mogłyby również dokonać przeglądu pomocy rozwojowej i współpracy w dziedzinie bezpieczeństwa oraz ograniczyć ją, jeśli rząd nadal będzie odmawiał udziału w rozmowach, dbając jednocześnie o to, by ograniczenia nie przyniosły bezpośrednich szkód ludności. Kilku członków Kongresu Amerykańskiego i niektórzy wyżsi urzędnicy administracji obecnie planują taką opcję[182].

Na szczeblu wielostronnym Europejczycy, Amerykanie i Afrykańczycy powinni lobbować na rzecz Rady Bezpieczeństwa ONZ, aby pomimo podziałów włączyła kryzys anglojęzyczny do swojej agendy, tym bardziej, że Francuzi są mniej niechętni, a Amerykanie są bardziej aktywni od czasu aresztowania Maurice'a Kamto. Ważne jest również, aby umieścić kryzys anglojęzyczny w porządku dziennym Rady Pokoju i Bezpieczeństwa Unii Afrykańskiej, inicjatywę, która mogłaby zostać podjęta przez przewodniczącego Komisji Unii Afrykańskiej. Pomimo bliskości władz Kamerunu, które pomogły mu zostać wybranym, wydaje się, że jest to jedyna droga naprzód, ponieważ organizacje regionalne w Afryce Środkowej (ECCAS i EMCCA) wspierają Jaunde[183]. Prokurator Międzynarodowego Trybunału Karnego (MTK) powinien oświadczyć, że zamierza rozpocząć wstępne badania nadużyć popełnianych przez obie strony. Mogłoby to zachęcić rząd do wszczęcia własnego dochodzenia i, w zależności od jego wyniku, wszczęcia postępowania karnego, a także powstrzymania innych przed dalszymi

---

[182] INTERNATIONAL CRISIS GROUP,Cameroon's Anglophone Crisis: How to Get to Talks?, Africa Report N°272 | 2 May 2019,p.26.
[183] INTERNATIONAL CRISIS GROUP,Cameroon's Anglophone Crisis: How to Get to Talks?, Africa Report N°272 | 2 May 2019,p.26.

nadużyciami wobec ludności cywilnej. Pokazałoby to również separatystom, że ich brutalne działania wywołują międzynarodową dezaprobatę[184].

E. Przyspieszenie rozwoju społeczno-gospodarczego

Elizabeth AMBANG AKUM definiuje rozwój społeczno-gospodarczy w jego szerszym znaczeniu jako "zintegrowany proces rozszerzania swobód materialnych, wzajemnie ze sobą powiązanych". Wolności te można określić jako wolność polityczną, ułatwienia gospodarcze, możliwości społeczne, gwarancje przejrzystości i bezpieczeństwa ochronnego. Anglofonowie skarżą się, że są marginalizowani ekonomicznie, ponieważ ich regiony są mniej rozwinięte. Mimo, że posiadają one bogate zasoby naturalne, takie jak ropa naftowa, nie skorzystały z niej, ponieważ dochody uzyskane od tej firmy są przeznaczane na projekty rozwojowe w regionach frankońskich, a firma w większości jest obsadzona przez frankofonów, podczas gdy anglofoni pozostają bezrobotni[185]. Jednym ze sposobów wzmocnienia pozycji miejscowej ludności w zakresie rozwoju ich regionów jest budowanie potencjału, który odnosi się do inwestowania w ludzi i instytucje poprzez praktyki, które wspólnie umożliwią regionom w krajach osiągnięcie ich celów rozwojowych. Jest to proces, dzięki któremu jednostki, grupy, organizacje, instytucje i społeczeństwa zwiększają swoje zdolności do pełnienia podstawowych funkcji i rozwiązywania problemów, aby osiągnąć swoje cele. Dzięki budowaniu potencjału samorządów lokalnych można by jednocześnie poprawić wyniki rozwojowe i wartości demokratyczne, angażując w ten sposób ludzi i organizacje społeczne w procesy rozwojowe. Jednostki samorządu terytorialnego mają szerszą autonomię i większą władzę w organizowaniu spraw domowych, wykorzystywaniu środków finansowych i narzucaniu udziału ludzi. Dając zaufanie i władzę zarówno niższym jednostkom organizacyjnym, jak i grupom społecznym, utrzyma władze lokalne w stanie demokratycznym i umożliwi lokalnym organizacjom aktywny udział w procesie podejmowania decyzji w zakresie zdecentralizowanego zarządzania[186]. Rząd powinien wybudować: drogi, linie kolejowe, porty morskie, lotniska, wiadukty, należy wprowadzić w życie, odbudowa portu morskiego w Limbe, międzynarodowego lotniska na Bali, przyniesie większą satysfakcję.

---

[184] INTERNATIONAL CRISIS GROUP,Cameroon's Anglophone Crisis: How to Get to Talks?, Africa Report N°272 | 2 May 2019,p.26.

[185]Elizabeth Ambang Akum, ANGLOPHONE PROBLEM IN CAMEROON: POLITICAL REPRESENTATION AND SOCIO--ECONOMIC DEVELOPMENT, Faculty of Social Science, Master's Thesis in Development Studies, Lund University, May 2009, s.44.

[186]Ibid. str. 45.

Rząd powinien również promować turystykę, zwłaszcza lokalną. Są one potencjałem turystycznym w anglojęzycznym Kamerunie jak: bliźniacze jezioro Maneguba, ogród botaniczny Limbe, północno-zachodni pałac fons, ceremonia kulturalna, upadek mechum.

F. Promowanie wartości demokratycznych

W rzeczywistości demokracja w Kamerunie od 1990 roku posunęła się jedynie do politycznego rytuału przeprowadzenia wyborów, który został zmarnowany przez rażące nieprawidłowości i rażące lekceważenie podstawowych zasad demokratycznych wyborów. Choć nie doszło do żadnej zmiany reżimu, nastąpił ruch od jednego państwa partyjnego do wielopartyjnego, który przeniósł proces demokratyzacji na inny poziom, ale ze względu na dominującą rolę elit istniała możliwość przeprowadzenia procesu transformacji na ich korzyść. Podkreśla on, że wybory mają znaczący pozytywny wpływ na demokrację, mierzony poprawą w zakresie swobód obywatelskich. Na poparcie swoich argumentów przedstawia on sześć sposobów na udowodnienie, w jaki sposób wybory mogą doprowadzić do poprawy wskaźników demokratycznych, takich jak wolności obywatelskie. Są one następujące: "Obywatele stają się wyborcami, demokratyczne mechanizmy "lock-in", samospełniające się przepowiednie, organizacje obywatelskie, nowe role instytucji państwowych i rola mediów[187]". Kamerun to autorytarne państwo, które przeprowadza wybory prezydenckie raz na 7 lat. Obecny prezydent wygrał wszystkie poprzednie wybory, a siły polityczne pozostają skoncentrowane na jego rękach od 1982 r., co zmusiło partię opozycyjną do zbojkotowania ostatnich wyborów, ponieważ twierdzi ona, że wybory te były obarczone poważnymi oszustwami. Zgodnie z argumentacją Elżbiety, jeżeli wybory mogłyby się odbyć jak raz na 5 lub 4 lata, to demokracja może się poprawić po wielu wyborach, ponieważ z czasem swobody obywatelskie, które obejmują uczestnictwo (wolność zgromadzeń, otwartych debat publicznych, prawo do wstępowania do organizacji obywatelskich), rywalizację (osobista autonomia, prawa ekonomiczne, możliwości edukacyjne i zawodowe) oraz legitymizację (pokojowe współistnienie różnych organizacji społecznych, swobodny dyskurs publiczny, zdolność do kontrolowania przemocy i zapewnienia fizycznego bezpieczeństwa pokojowym obywatelom), również poprawią się i ustąpią miejsca nowym przywódcom, aby doprowadzić do zmian w kraju. Pomimo tego aspektu nadużyć finansowych i korupcji w Kamerunie, w porównaniu z większością sąsiednich krajów, Kamerun jest politycznym sukcesem. Nigeria i

[187]Ibid. s. 41-42.

Czad miały wojny domowe i kilka "zamachów stanu", ale obaj prezydenci, których Kamerun do tej pory miał Ahmadou Ahidjo (1960-82) i Paul Biya (obecny w 1982 r.), umiejętnie utrzymywali zróżnicowany etnicznie kraj przed wstąpieniem do szeregów upadających państw. Pomimo tego sukcesu, jeśli problem anglofonu nie zostanie dobrze rozwiązany, może on doprowadzić do wojny domowej, która sprawi, że dołączy do swoich sąsiadów w tej tendencji[188].

Opinia Elizabeth Ambang Akum ma większe zastosowanie w kontekście kameruńskim, biorąc pod uwagę fakt, że Kamerun ma autorytarne państwo, społeczeństwa obywatelskie zapewnią zwykłym obywatelom możliwość wyrażenia swoich potrzeb politycznych i gospodarczych. Podobnie jak w przypadku, gdy anglofończycy chcieli stworzyć własną radę ds. ogólnego świadectwa wykształcenia, społeczeństwa obywatelskie, w tym Stowarzyszenie Nauczycieli Kamerunu (TAC), Konfederacja Anglojęzycznego Stowarzyszenia Rodziców i Nauczycieli (CAPTAC) oraz Kameruńskie Stowarzyszenie Studentów (CANSA), w 1993 r. zmusiły rząd do utworzenia rady ds. ogólnego świadectwa wykształcenia (GCE) na obszarze anglojęzycznym i udało mu się to osiągnąć. Oznaczało to dla anglofonów ważne zwycięstwo w ich dziesięcioletniej walce[189].

G. Odszkodowanie dla ofiar, uwolnienie więźniów politycznych i wydanie międzynarodowego nakazu aresztowania

Rząd Kamerunu, musi zrekompensować ofiarom, które poniosły straty w taki czy inny sposób. Pierwszą rzeczą, którą należy zrobić, jest zapewnienie ofiarom środków finansowych na odbudowę ich domów i rozpoczęcie nowego życia poprzez utworzenie centrum handlowego. Rząd musi również wybudować szkoły, szpitale, drogi, linie kolejowe i lotniska, aby ułatwić przepływ osób i towarów. Innym środkiem jest utworzenie plantacji do produkcji kawy, kakao, herbaty, bananów, ryżu, palm i gumy w dwóch regionach anglojęzycznych pod auspicjami CDC (Kamerunska Współpraca na rzecz Rozwoju) lub innego organu, który będzie prowadził te szeroko zakrojone projekty. Surowce te powinny być przetwarzane lokalnie w celu uzyskania wartości dodanej i zwiększenia dochodów. Ale kolejna część powinna być przeznaczona na rynek zagraniczny.

Niektóre kraje przyjmują mechanizm kompensacyjny na mocy przepisów prawa. W Kanadzie odszkodowania dla ofiar przeważają na szczeblu prowincji, jak na przykład *Loi sur l'indemnisation des victims d'actes criminels* prowincji Québec oraz Victims' Justice Fund w

188 Ibid. str. 42.
189 Ibid. str. 43.

Ontario. W 1978 r. Szwecja przyjęła państwowy program odszkodowań, ustawę o odszkodowaniach za obrażenia powstałe w wyniku przestępstwa (Criminal Injuries Compensation Act). Fundusze zostały również utworzone we Francji, Niemczech, Włoszech i wielu innych krajach europejskich. Rzeczywiście, kwestia ta stała się kwestią ogólnoeuropejską wraz z przyjęciem, po pierwsze, Konwencji w sprawie kompensaty dla ofiar brutalnej przestępczości w 1983 roku przez Radę Europy, a następnie dyrektywy Rady Unii Europejskiej z 2004 roku. Dyrektywa przewiduje, że "państwa członkowskie zapewniają, że ich przepisy krajowe przewidują istnienie systemu odszkodowań dla ofiar umyślnych przestępstw z użyciem przemocy popełnionych na ich terytorium". Większość państw Rady Europy realizuje obecnie ten obowiązek. Niektóre fundusze kompensacyjne mają obecnie nawet zasięg pozaterytorialny, obejmujący obywateli, którzy ponieśli szkody za granicą, w szczególności w wyniku ataków terrorystycznych[190].

Organizacja Narodów Zjednoczonych zajmuje również zdecydowane stanowisko na rzecz systemów odszkodowań dla ofiar. Deklaracja Podstawowych Zasad Wymiaru Sprawiedliwości dla Ofiar Przestępczości i Nadużycia Władzy przewiduje, że "Państwa powinny starać się zapewnić odszkodowanie finansowe, jeżeli nie jest ono w pełni dostępne ze strony sprawcy lub z innych źródeł". Rzeczywiście, ONZ ustanowiła niektóre z własnych funduszy odszkodowawczych dla ofiar. Pierwszym z nich był Fundusz Powierniczy ONZ na rzecz Chile, dobrowolny fundusz, który "otrzymuje wkłady i rozdaje pomoc humanitarną, prawną i finansową osobom, których prawa człowieka zostały naruszone w wyniku zatrzymania lub uwięzienia w Chile". Przekształcił się on w działający do dziś Dobrowolny Fundusz ONZ na rzecz Ofiar Tortur, który rozdziela środki finansowe na rzecz organizacji pozarządowych udzielających pomocy humanitarnej ofiarom tortur i członkom ich rodzin. ONZ utrzymuje również dobrowolny fundusz powierniczy na rzecz współczesnych form niewolnictwa ustanowiony przez Zgromadzenie Ogólne w 1991 r. w celu, między innymi, "rozszerzenia, poprzez ustalone kanały pomocy, pomocy humanitarnej, prawnej i finansowej na osoby, których prawa człowieka zostały poważnie naruszone w wyniku współczesnych form niewolnictwa[191]".

---

[190]Frederic Megret, *Justifying Compensation by the International Criminal Court's Victims Trust Fund: Lekcje z Krajowych Systemów Rekompensat*, 36 Brook.J.Int'lL.(2010).Dostępne pod adresem: http://brooklynworks.brooklaw.edu/bjil/vol36/iss1/3.

[191] Frederic Megret, *Justifying Compensation by the International Criminal Court's Victims Trust Fund: Lekcje z Krajowych Systemów Rekompensat*, 36 Brook.J.Int'lL.(2010).Dostępne pod adresem: http://brooklynworks.brooklaw.edu/bjil/vol36/iss1/3.

Powinni oni również uwolnić 47 anglofonów aresztowanych w Nigerii, jak również tych, którzy zostali aresztowani w związku z kryzysem anglofońskim. Prezydent powinien podpisać dekret w innym, aby podnieść międzynarodowy nakaz aresztowania niektórych anglofonów znajdujących się w diasporze.

H. Środki na rzecz praw człowieka

W wielu rozdartych wojną społeczeństwach istnieje konieczność poprawy sytuacji w zakresie praw człowieka. W takich konfliktach, jak w Salwadorze, Gwatemali czy Sudanie, rebelianci, a także siły rządowe i skorumpowane systemy sądownicze przyczyniły się do rażących naruszeń praw człowieka, często skierowanych do mniejszości lub innych słabszych grup społecznych. Postawienie sprawców tych przestępstw przed sądem i zreformowanie zaangażowanych instytucji jest warunkiem wstępnym dla każdego rządu, który stara się przywrócić swoją legitymację, wiarygodność i bezstronność. Ponadto, jeżeli prawa człowieka nie są odpowiednio chronione, nie może dojść do uzdrowienia psychospołecznego i pojednania na szczeblu wspólnotowym. Podstawy budowania demokratycznego porządku politycznego pozostaną w tym przypadku niestabilne. Ten aspekt budowania pokoju okazał się być delikatną kwestią w pomocy międzynarodowej. Istnieje napięcie pomiędzy ofiarami, które żądają zwrotu i kary za popełnione przestępstwa, z jednej strony, a nowym lub przejściowym rządem, który nie jest w stanie siłą potępić sprawców w perspektywie przyszłego pojednania narodowego, z drugiej strony[192].

Społeczność międzynarodowa poparła kilka instytucji zajmujących się prawami człowieka:

- *Trybunały ds. zbrodni wojennych*, w kraju lub poza jego granicami, są ważnym instrumentem w walce z przypadkami pogwałcenia praw człowieka, których podstawą jest reżim, poprzez postawienie przed sądem osób odpowiedzialnych za popełnienie tych zbrodni. Ponadto ściganie zbrodniarzy wojennych na szczeblu krajowym mogłoby jednocześnie przyczynić się do reformy sądownictwa w danym kraju.
- Utworzenie *komisji prawdy i pojednania w celu* zapobieżenia narodowej amnezji dotyczącej tego, co wydarzyło się w okresie gwałtownego konfliktu , stanowi kolejny ważny instrument.

[192] Jeroen de Zeeuw ,"Building Peace in War-Torn Societies:From Concept to Strategy" , Dutch Institute of International Relations "Clingendael"Conflict Research Unit, August 2001,p.23.

- *Operacje w dziedzinie praw człowieka w terenie*, takie jak wysyłanie kompleksowych (ONZ) misji monitorowania praw człowieka, mogą służyć szkoleniu kandydatów do krajowych i międzynarodowych cywilnych sił policyjnych, monitorowaniu wojskowych operacji pokojowych oraz zgłaszaniu przypadków łamania praw człowieka[193].

Mając na uwadze podejście dostosowane do konkretnego kontekstu i zdając sobie sprawę, że w niektórych szczególnych przypadkach lepiej byłoby nie wprowadzać takich rozwiązań, istnieją pewne ogólne kwestie, do których mogą się przyczynić wyżej wymienione instytucje:

-Zapobieganie lub ograniczanie wydawania fałszywych zaprzeczeń ze strony sprawców;

-Niech ofiary i sprawcy opowiedzą swoją historię, co będzie bolesnym , ale koniecznym krokiem w kierunku pojednania;

-wnieść istotny wkład w zapobieganie powtórzeniu się okrucieństw;

- stworzenie sygnału o zaangażowaniu nowego reżimu w przywracanie standardów prawdy i odpowiedzialności zarówno w społeczeństwie, jak i w państwie[194].

Ramy prawne mające zastosowanie do przemocy seksualnej

Gwałty i inne formy przemocy seksualnej stanowią naruszenie zasad międzynarodowego prawa humanitarnego. Uznanie gwałtu i innych form przemocy seksualnej za przestępstwo międzynarodowe zostało potwierdzone poprzez zapisanie się w statutach różnych międzynarodowych sądów i trybunałów oraz ich wykładniach prawnych. Statuty regulujące działalność MTKJ i MTKR, paneli specjalnych ds. poważnych przestępstw w Timorze Wschodnim, trybunału specjalnego dla Sierra Leone (SCSL), trybunału specjalnego dla Kambodży oraz Rzymski Statut MTK wymieniają gwałt, a także inne formy przemocy seksualnej wyraźnie określone jako przestępstwo międzynarodowe[195]. Międzynarodowe prawo dotyczące praw człowieka zakazuje również przemocy seksualnej w konfliktach zbrojnych. W 1992 roku Komitet ds. Likwidacji

---

[193] Jeroen de Zeeuw ,"Building Peace in War-Torn Societies:From Concept to Strategy" , Dutch Institute of International Relations "Clingendael"Conflict Research Unit, August 2001,p.23.
[194] Jeroen de Zeeuw ,"Building Peace in War-Torn Societies:From Concept to Strategy" , Dutch Institute of International Relations "Clingendael"Conflict Research Unit, August 2001,p.24.
[195] Report of the Mapping Exercise concerning the most serious violations of human rights and international humanitarian law committed between March 1993 and June 2003 in the territory of the Democratic Republic of the Congo August 2010,s.300.

Dyskryminacji Kobiet uznał, że przemoc ze względu na płeć, która podważa lub unieważnia korzystanie przez kobiety z praw indywidualnych i podstawowych wolności na mocy ogólnych zasad prawa międzynarodowego lub szczegółowych konwencji praw człowieka, stanowi dyskryminację w rozumieniu art. 1 Konwencji w sprawie likwidacji wszelkich form dyskryminacji kobiet. Te prawa i wolności obejmują w szczególności prawo do równej ochrony zapewnianej przez standardy humanitarne w czasie konfliktów zbrojnych, zarówno krajowych, jak i międzynarodowych[196] . Rada Bezpieczeństwa w swojej rezolucji 1325 (2000) z dnia 31 października 2000 r. potwierdziła potrzebę ścisłego przestrzegania przepisów międzynarodowego prawa humanitarnego i instrumentów praw człowieka, które chronią prawa kobiet i dziewcząt w czasie konfliktów i po ich zakończeniu, oraz wezwała wszystkie strony konfliktów zbrojnych do podjęcia szczególnych środków w celu ochrony kobiet i dziewcząt przed aktami przemocy ze względu na płeć, w szczególności gwałtem i innymi formami wykorzystywania seksualnego. Ponadto, wraz z przyjęciem protokołu do Afrykańskiej karty praw człowieka i ludów w sprawie praw kobiet w Afryce, definicja przemocy ze względu na płeć zapisała zakaz wszelkich aktów przemocy wobec kobiet, w jakimkolwiek wymiarze politycznym lub czasowym, w tym w sytuacjach konfliktowych lub wojennych [197].

I. Rozbrojenie, demobilizacja i reintegracja (DDR)[198]

Rozbrojenie, demobilizacja i reintegracja byłych uczestników walk ze społeczeństwem obywatelskim może w istotny sposób przyczynić się do zapobiegania konfliktom, ponieważ są oni w "silnej" pozycji, która może zepsuć proces pokojowy na późniejszym etapie. Proces DDR, który zazwyczaj trwa od trzech do czterech lat, składa się z czterech następujących po sobie faz: montaż, rozładunek, krótkoterminowa reintegracja i długoterminowa reintegracja[199].

---

[196] Report of the Mapping Exercise concerning the most serious violations of human rights and international humanitarian law committed between March 1993 and June 2003 in the territory of the Democratic Republic of Congo August 2010,s.301-302.

[197] Report of the Mapping Exercise concerning the most serious violations of human rights and international humanitarian law committed between March 1993 and June 2003 in the territory of the Democratic Republic of Congo August 2010,s.302.

[198]Jeroen de Zeeuw ,"Building Peace in War-Torn Societies:From Concept to Strategy" , *Dutch Institute of International Relations "Clingendael"Conflict Research Unit*, August 2001,p.20.

[199] Jeroen de Zeeuw ,"Building Peace in War-Torn Societies:From Concept to Strategy" , Dutch Institute of International Relations "Clingendael"Conflict Research Unit, August 2001,p.20.

W pierwszej fazie procesu DDR byłych bojowników gromadzi się w strefach kantonowania i zapewnia im się podstawowe potrzeby, takie jak schronienie, żywność, odzież, urządzenia sanitarne i opiekę zdrowotną. Zebranie oddziałów służy rozliczeniu wszystkich uczestników walk i ich broni oraz ma na celu budowanie zaufania między stronami, które zobowiązały się do udziału w procesie pokojowym. W tej fazie trzeba rozbroić bojowników różnych stron. Doświadczenia Bośni-Hercegowiny, Somalii i Angoli pokazały, że wymuszone rozbrojenie na pełną skalę jest wykonalne tylko wtedy, gdy obawy stron dotyczące bezpieczeństwa zostaną wiarygodnie ocenione i spełnione przez misję obserwacyjną. Ponadto, muszą istnieć wystarczające bodźce ekonomiczne i polityczne, aby zachęcić byłych żołnierzy do poszukiwania alternatywnych sposobów zatrudnienia.[200]Po ograniczonym czasie, zwykle w ciągu jednego roku, żołnierze są zwalniani i przewożeni do domu. Wiąże się to z pomocą w postaci krótkoterminowych suplementów żywnościowych, transportu, a w niektórych przypadkach spotkań orientacyjnych w ich rodzinnych dzielnicach oraz wstępnych świadczeń reinsertion benefits.

Kolejna faza obejmuje okres przejściowy, czyli opuszczenie obozów kantonencyjnych i rozpoczęcie życia cywilnego. Dostarczanie materiałów mieszkaniowych, podstawowych (rolniczych) dostaw, takich jak nasiona i narzędzia oraz innych płatności gotówkowych i rzeczowych ma na celu zapewnienie sieci bezpieczeństwa i zachęt dla weteranów wojennych i ich rodzin do ponownego rozpoczęcia "normalnego" życia.

Faza reintegracji powinna ponownie włączyć w społeczeństwo obywatelskie weteranów i ich rodziny oraz zapewnić im niezależność finansową, zapisując ich do działań przynoszących dochód. Działania w zakresie reintegracji obejmują szkolenie zawodowe, doradztwo, systemy kredytowe i dostęp do ziemi. Aby złagodzić negatywne nastawienie społeczności do zdemobilizowanych żołnierzy i zwiększyć szanse na udaną reintegrację, członkowie społeczności muszą być również zaangażowani zarówno w przygotowanie, jak i w realizację programów, na przykład poprzez uzyskanie pewnych korzyści. Kluczowe znaczenie w procesie DDR ma to, by kolejne fazy były w pełni ukończone przez żołnierzy, jeśli oddzielne programy mają być skuteczne. W związku z tym, jeśli kompleksowy program reintegracji nie będzie uwzględniał elementu rozbrojenia, istnieje szansa, że byłych bojowników nie zainteresuje perspektywa pozostania w stanie bezczynności i że mogą oni dostrzec więcej możliwości poprzez kontynuowanie walki lub angażowanie się we wszelkiego rodzaju

[200] Jeroen de Zeeuw ,"Building Peace in War-Torn Societies:From Concept to Strategy" , Dutch Institute of International Relations "Clingendael"Conflict Research Unit, August 2001,p.20.

działalność przestępczą. Doświadczenia z nieudanymi programami DDR pokazują ponadto, że sam program DDR powinien zostać włączony do szerszego podejścia strategicznego obejmującego różne elementy odbudowy politycznej, społecznej i gospodarczej[201].

J. Przejrzyste i oddane przywództwo

Państwa afrykańskie potrzebują zaangażowanych i szczerych przywódców, którzy będą dawać przykład i którzy będą działać jako dobrzy, odpowiedzialni i wrażliwi ojcowie wszystkich części składowych i narodów w swoich krajach, aby promować pokój i harmonię w granicach swoich krajów. Można to zrobić na wiele sposobów:

(i) Równomierna dystrybucja zasobów naturalnych i mineralnych

Przywódcy afrykańscy muszą zapewnić równy podział zasobów pomiędzy różne strefy geopolityczne w swoich krajach. Marginalizacja jednej jednostki/grupy nie powinna być dozwolona w celu zdobycia poparcia i współpracy wszystkich oraz uniknięcia poczucia wyobcowania.

(ii) Promowanie praworządności

Przywódcy afrykańscy powinni również starać się promować rządy prawa. Wiąże się to z równym dostępem do wymiaru sprawiedliwości dla wszystkich obywateli bez względu na ich status, poszanowaniem decyzji sądowych rządu i wpływowych, a także przeprowadzeniem wolnych i uczciwych wyborów okresowych, między innymi. Kiedy i tam, gdzie liderzy promują rządy prawa, jak wskazano powyżej, istnieje gwarancja pokojowego współistnienia ludzi i pokojowego przejścia władzy od jednego rządu do drugiego. W ten sposób można łatwo wyeliminować konflikty związane ze sporami o sukcesję, które są bardzo rozpowszechnione w Afryce.

(iii) Ochrona i zachowanie podstawowych praw człowieka

Przywódcy afrykańscy powinni również promować, chronić i gwarantować podstawowe prawa człowieka swoich obywateli. W szczególności należy zagwarantować podstawowe prawa do wolności słowa, zrzeszania się i religii. Ludzie powinni móc swobodnie oceniać i krytykować działania rządu bez obawy przed prześladowaniami. Opozycja musi być tolerowana, podczas

---

201 Jeroen de Zeeuw ,"Building Peace in War-Torn Societies:From Concept to Strategy" , Dutch Institute of International Relations "Clingendael"Conflict Research Unit, August 2001,p.21.

gdy czwarta sfera władzy, prasa, nie może być cenzurowana. W tym mądre rządy zawsze będą trzymać się na wodzy, aby zapewnić jakościowe i szczere przywództwo w swoich krajach[202].

K. Likwidacja ubóstwa

Ubogi oznacza życie w nieodpowiednich zasobach finansowych, ludzkich i materialnych, osoby niepełnosprawne, marginalizowane, jak również bezbronne, których nie stać na godne warunki życia[203]. Bez większych kontrowersji można śmiało stwierdzić, że ubóstwo jest źródłem wszelkiego zła w Afryce. Biedny człowiek, który został upokorzony ekonomicznie i doznał finansowego urazu, może nie być uznany za osobę o zdrowych zmysłach. Dlatego może być trafne zauważyć, że głodny człowiek jest szaleńcem. On może kraść, zabijać, okaleczać i niszczyć. Ubóstwo może poniżać człowieka i negatywnie wpływać na jego psychikę. Dlatego też głównym instrumentem polityki na rzecz pokoju i stabilności w Afryce, który jest pełen wojen i konfliktów, jest eliminacja lub, w najgorszym przypadku, ograniczenie potwora ubóstwa. Można to osiągnąć na wiele sposobów, jak zaproponowano poniżej:

(i) Równy dostęp do edukacji jakościowej

Rządy w Afryce powinny zapewnić swoim obywatelom równy dostęp do wysokiej jakości edukacji. Znaczenie edukacji dla rozwoju społeczno-gospodarczego narodu zostało dobrze wyrażone w Milenijnych Celach Rozwoju. Edukacja, bez wątpienia, jest dźwignią rozwoju ludzkiego i społecznego. Oprócz przekazywania umiejętności i wiedzy obywatelom, wyeliminuje to również ignorancję. Edukacja wzmocni również pozycję obywateli w zakresie zatrudnienia w przyszłości. Zwiększa to mobilność pracowników na całym świecie. Szanse na przetrwanie są bardzo dostępne dla ludzi wykształconych.

(ii) Wykonywanie pracy zarobkowej na rzecz młodzieży

Rządy w Afryce powinny również dążyć do zapewnienia pracy zarobkowej dla wszystkich swoich obywateli, a zwłaszcza dla młodzieży. Należy stworzyć przemysły i fabryki, aby wchłonąć rozkwitających absolwentów wyższych uczelni w krajach afrykańskich. Rząd powinien również wspierać rolnictwo poprzez rolnictwo zmechanizowane. Nowoczesne narzędzia i technologie rolnicze powinny być dostarczane rolnikom po niskich cenach. Oprócz

---

[202] Aremu, Johnson Olaosebikan ,"Konflikty w Afryce. Meaning, Causes, Impact and Solution", An International Multi-Disciplinary Journal, 549-560 (październik 2010), s.557-558.
[203] Augustin N. KALUBI, Vision et leadership d'Ignace de Loyola, pour une éducation de qualité, L'Harmattan, Paris, 2014, s.70.

wyeliminowania problemu głodu, bez wątpienia przyczyni się to do wzmocnienia gospodarczego upodmiotowienia młodzieży i wyeliminowania bezczynności.

(iii) Odpowiednie wynagrodzenie urzędników służby cywilnej

Pracownicy rządowi powinni być odpowiednio wynagradzani, a awans powinien opierać się również na kompetencjach i wynikach. Ich zarobki powinny wystarczyć na utrzymanie rodziny. Przyczyni się to w znacznym stopniu do ograniczenia przypadków sprzeniewierzenia i defraudacji środków publicznych, które zawsze głodziły rządy afrykańskie, tak bardzo potrzebny fundusz na rzecz rozwoju[204].

(iv) zapewnić świadczenie usług socjalnych

Podstawowe potrzeby, takie jak: zdrowie, sieci transportowe (drogi, powietrze, kolej, porty morskie), banki, firmy ubezpieczeniowe, elektryczność, zaopatrzenie w wodę i dobre warunki mieszkaniowe powinny być do dyspozycji ludności.

L. Dobre zarządzanie w procesie restrukturyzacji systemu

Dobre zarządzanie jest stosunkowo nowym pojęciem i nadal jest ono kwestionowane. Powszechnie rozumie się przez to przejrzyste, odpowiedzialne i skuteczne zarządzanie, oparte na zasadach demokracji i merytokracji w administracji państwowej. Instytucjonalizacja zasad dobrego zarządzania jest postrzegana jako niezbędna dla: skutecznego i integracyjnego świadczenia usług publicznych; spójnego wydatkowania pomocy przez darczyńców; stworzenia funkcjonującego państwa prawa i zmniejszenia ryzyka związanego z inwestycjami prywatnymi. Natomiast złe zarządzanie, charakteryzujące się na przykład korupcją i praktykami patrymonializmu i klientelizmu, szkodzi zdolnościom administracyjnym państwa, prowadzi do nieprzejrzystych strumieni dystrybucji pomocy i zniechęca do inwestycji. To z kolei ogranicza ograniczanie ubóstwa, wzrost gospodarczy i rozwój, przyczyniając się jednocześnie do wyobcowania z administracji państwowej i instytucji rządowych[205].

Komisja Gospodarcza i Społeczna ONZ ds. Azji i Pacyfiku (ESCAP ONZ, "Czym jest dobre sprawowanie rządów?") stwierdza, że pojęcie "sprawowania rządów" nie jest

---

[204] Aremu, Johnson Olaosebikan ,"Konflikty w Afryce. Meaning, Causes, Impact and Solution", An International Multi-Disciplinary Journal, 549-560 (październik 2010), s.558-559.

[205] Owen Greene, Julia Buxton i Charly Salonius-Pasternak, "Conflict Prevention, Management andReduction in Africa", A Joint Project of the Finnish Institute of International Affairs & the Centre for International Cooperation and Security, Helsinki 2006, str.21.

nowe. Jest tak stara jak ludzka cywilizacja. Po prostu "zarządzanie" oznacza: proces podejmowania decyzji i proces , w którym decyzje są wdrażane (lub nie). Zarządzanie może być stosowane w kilku kontekstach , takich jak ład korporacyjny , zarządzanie międzynarodowe , zarządzanie krajowe i lokalne. Rząd jest jednym z podmiotów w rządzeniu. Inne podmioty zaangażowane w zarządzanie różnią się w zależności od poziomu zarządzania, który jest przedmiotem dyskusji. Na przykład, na obszarach wiejskich, innymi podmiotami mogą być wpływowi właściciele ziemscy, stowarzyszenia chłopów, spółdzielnie, organizacje pozarządowe, instytuty badawcze, przywódcy religijni, instytucje finansowe, partie polityczne, wojsko itp. oprócz wyżej wymienionych podmiotów, media, lobbyści, międzynarodowi darczyńcy, międzynarodowe korporacje itp. mogą odgrywać rolę w podejmowaniu decyzji lub wpływać na proces decyzyjny[206].

Program Narodów Zjednoczonych ds. Rozwoju (UNDP "Governance and Sustainable Human Development, 1997"), składa się z sześciu podstawowych zasad dobrego rządzenia: Legitymacja i głos, kierunek, wydajność, odpowiedzialność, przejrzystość i uczciwość.

Ramka 1: Sześć zasad dobrego zarządzania	
Sześć zasad dobrego rządzenia	**Zasady UNDP i związany z nimi tekst UNDP, na których są oparte**
1. Legitymacja i głos	**Uczestnictwo -** wszyscy mężczyźni i kobiety powinni mieć głos w podejmowaniu decyzji, bezpośrednio lub poprzez uprawnione instytucje pośredniczące, które reprezentują ich intencje. Tak szerokie uczestnictwo opiera się na wolności zrzeszania się i wolności słowa, a także na zdolności do konstruktywnego uczestnictwa.

[206] Komisja Gospodarcza i Społeczna Narodów Zjednoczonych ds. Azji i Pacyfiku, "What is Good Governance?", https://www.unescap.org/sites/default/files/good-governance.pdf.

2. Kierunek:	**Wizja strategiczna** - liderzy i społeczeństwo mają szeroką i długoterminową perspektywę w zakresie dobrego zarządzania i rozwoju społecznego, a także poczucie tego, co jest potrzebne do takiego rozwoju. Istnieje również zrozumienie złożoności historycznej, kulturowej i społecznej, w której ta perspektywa jest ugruntowana.
3. Wydajność	**Reagowanie** - instytucje i procesy starają się służyć wszystkim zainteresowanym stronom. Efektywność i skuteczność - procesy i instytucje osiągają wyniki, które odpowiadają potrzebom przy jednoczesnym najlepszym wykorzystaniu zasobów.
4. Odpowiedzialność	**Odpowiedzialność** - decydenci w rządzie, sektorze prywatnym i organizacjach społeczeństwa obywatelskiego są odpowiedzialni wobec społeczeństwa, a także wobec interesariuszy instytucjonalnych. Ta odpowiedzialność różni się w zależności od organizacji i tego, czy decyzja jest wewnętrzna czy zewnętrzna.
5. Przejrzystość	**Przejrzystość** - przejrzystość opiera się na swobodnym przepływie informacji. Procesy, instytucje i informacje są bezpośrednio dostępne dla osób, których one dotyczą, a

	informacje są wystarczające do ich zrozumienia i monitorowania.
6. Uczciwość	**Równość** - wszystkie kobiety i mężczyźni mają równe szanse na poprawę lub utrzymanie dobrego samopoczucia. **Rządy prawa** - ramy prawne powinny być sprawiedliwe i egzekwowane bezstronnie, w szczególności rozporządzenie dotyczące praw człowieka.

Dobre zarządzanie zostało również określone w instrumentach dotyczących praw człowieka, w szczególności w Powszechnej deklaracji praw człowieka ONZ, w poniższych artykułach:

Uczestnictwo

A. "Każdy człowiek ma prawo do wolności poglądów i wypowiedzi..."(artykuł 19)
B. "Każdy ma prawo do wolności pokojowych zgromadzeń i stowarzyszania się" (artykuł 20)
C. "Każdy ma prawo do udziału w rządzie swojego kraju, bezpośrednio lub przez dowolnie wybranych przedstawicieli" (artykuł 21)
D. "Każdy ma obowiązki wobec społeczności..." (Artykuł 29)

Zorientowanie na konsensus

- "Wola ludu będzie podstawą władzy rządu: będzie ona wyrażona w okresowych i prawdziwych wyborach, które będą powszechne i równe..." (Artykuł 21)
- "Korzystając ze swoich praw i wolności, każdy podlega tylko takim ograniczeniom, jakie określa ustawa, wyłącznie w celu zapewnienia należytego uznania i poszanowania praw i wolności innych osób oraz w celu spełnienia słusznych wymogów moralności, porządku publicznego i ogólnego dobra w demokratycznym społeczeństwie" (art. 29).

Kapitał własny

- "Wszyscy ludzie rodzą się wolni i równi pod względem godności i praw..." (Artykuł 1)

- "Każdy człowiek ma prawo do wszystkich praw i wolności określonych w niniejszej Deklaracji, bez względu na rasę, kolor skóry, płeć, język, religię, przekonania polityczne lub inne, pochodzenie narodowe lub społeczne, majątek, urodzenie lub inny status" (Artykuł 2)
- "Uznanie przyrodzonej godności oraz równych i niezbywalnych praw wszystkich członków rodziny ludzkiej jest podstawą wolności, sprawiedliwości i pokoju na świecie" (Preambuła)

Zasada państwa prawa

- "Istotne jest... aby prawa człowieka były chronione przez rządy prawa" (Preambuła).
- "Wszyscy są równi wobec prawa" (art. 7)
- "Każdy ma pełne prawo do sprawiedliwego i publicznego przesłuchania przez niezależny i bezstronny trybunał..." (Artykuł 10)
- "Nikt nie może być samowolnie aresztowany, zatrzymany lub wygnany" (art. 5)\"Nikt nie może być samowolnie pozbawiony swojej własności" (art. 17)

M. Wybory pokonfliktowe

Wybory mogą stanowić okazję do zreformowania systemu politycznego w konkretnym, rozdartym wojną społeczeństwie oraz do uczynienia go bardziej wrażliwym i politycznie uzasadnionym dla swoich okręgów wyborczych. Pomoc w tym zakresie obejmuje wspieranie logistyki i wzmacnianie potencjału organizacji społeczeństwa obywatelskiego w zakresie edukacji wyborców i monitorowania wyborów, a także rozwój infrastruktury wyborczej, w tym tworzenie niezależnych komisji wyborczych. Chociaż z jasno określonymi terminami docelowymi, harmonogramy tej pomocy muszą być odpowiednie i elastyczne, ponieważ pierwotne rygorystyczne harmonogramy okazały się nieproduktywne w Angoli, Kambodży, Etiopii i Mozambiku. Ponadto społeczność międzynarodowa może zapewnić istotne wsparcie w postaci międzynarodowych misji monitorujących, które zmniejszają ryzyko oszustw na dużą skalę, ale co ważniejsze, przyczyniają się do ogólnej wiarygodności wyborów i akceptacji ich wyników przez przeciwników[207].

W związku z negatywnym wpływem, jaki wybory i tworzenie nowych systemów zarządzania mogą mieć na niepewną równowagę różnych stanowisk politycznych, kluczowe znaczenie ma

---

[207] Jeroen de Zeeuw ,"Building Peace in War-Torn Societies:From Concept to Strategy" , Dutch Institute of International Relations "Clingendael"Conflict Research Unit, August 2001,p.22.

dokonanie oceny odpowiedniego terminu wyborów. Pod tym względem wyróżniono trzy różne przedwyborcze scenariusze konfliktowe:

-Liberia na początku i w połowie lat 90-tych jest przykładem pierwszego scenariusza. Tutaj organizowano instytucjonalne i polityczne ustalenia dotyczące wyborów bez zakończenia działań wojennych. Pomimo kilku porozumień o zawieszeniu broni i nacisków międzynarodowych, warunki nie były wystarczające do rozpoczęcia wyborów w takich okolicznościach i mogły nawet pogorszyć perspektywy na przyszłe wybory.

.- Scenariusz, w którym wszystkie strony konfliktu uczestniczą w strategii wyborczej pod silną presją międzynarodową, jednak bez zakończenia procesu DDR, już teraz daje większą perspektywę dla możliwości przeprowadzenia wyborów. Ale również tutaj istnieje niebezpieczeństwo, że jedna lub więcej partii opuści proces lub ujawni jego wyniki, jak to miało miejsce w przypadku Czerwonych Khmerów w Kambodży przed wyborami w 1993 roku i w przypadku UNITA po niekorzystnych wynikach w wyborach w 1992 roku.

-Scenariusz, w którym proces DDR został pomyślnie zakończony przed rozpoczęciem wyborów, ma największy potencjał na pomyślne wybory. W tym ostatnim przypadku byli bojownicy i ich przywódcy byli w stanie przyzwyczaić się i zinstytucjonalizować proces polityczny bez użycia przemocy, a wybory stanowią obecnie polityczną alternatywę dla zwrócenia uwagi na ich interesy. Jeśli partie rządzące i byłych uczestników walk są aktywnie zaangażowane w przygotowania do wyborów, mogą "normalnie" uczestniczyć w wyborach po zakończeniu konfliktu pod międzynarodowym nadzorem i pomocą.

Wybory decydują o tym, kto będzie rządził w kraju wychodzącym z wojny domowej i w jaki sposób zostanie skoncentrowana władza. Są to podstawowe warunki zakończenia wojny. Ale to, co może być konieczne do zakończenia wojny, może, ale nie musi, prowadzić do osiągnięcia celu demokracji, w zależności przede wszystkim od tego, kto wygra wybory, w jaki sposób są one przeprowadzane, oraz od legitymizacji, jaką nowy elektorat przyznaje zarówno procesowi, jak i zwycięzcy. Liberia jest tego przykładem. Większość międzynarodowych obserwatorów uważała, że wybory Charlesa Taylora w 1998 r. były konieczne do zakończenia wojny domowej w kraju. Biorąc jednak pod uwagę autorytarne i skorumpowane zachowanie Taylora zarówno przed wojną, jak i w jej trakcie, niewielu obserwatorów postrzegało te wybory jako dające dużą nadzieję na demokrację w

Liberii. Rzeczywiście, wielu Liberyjczyków postrzegało wybory jako referendum w sprawie warunków zakończenia wojny: głos na Taylora był głosem na zakończenie wojny[208].

I odwrotnie, wybory mogą przynieść wyniki korzystne dla demokracji w dłuższej perspektywie - możliwość wyrażenia przez obywateli preferencji co do tego, kto powinien rządzić - ale mogą też okazać się antytetyczne dla zakończenia wojny. W przypadku, gdy partia przegrywająca, taka jak Jonas SAVIMBI'S UNITA, jest zobowiązana do powrotu na wojnę, jeśli przegra wybory, wojna się nie zakończy, bez względu na to, jak legalnie wybory te są postrzegane przez obywatela[209].

[208] Stephen John Stedman , "Implementing Peace Agreementsin Civil Wars:Lessons and Recommendationsfor Policymakers", IPA Policy Paper Series on Peace Implementation, New York, May 2001, s.17.
[209] Stephen John Stedman , "Implementing Peace Agreementsin Civil Wars:Lessons and Recommendationsfor Policymakers", IPA Policy Paper Series on Peace Implementation, New York, May 2001, s.17.

PODSUMOWANIE

Kryzys anglojęzyczny ma długą historię, którą można prześledzić od epoki kolonialnej, aż do okresu niepodległości, kiedy to Kamerun, zarówno zachodni, jak i wschodni, doświadczył federalnej i jednolitej struktury. Obie te potęgi kolonialne, czyli Wielka Brytania i Francja, zarządzały Kamerunem, stosując swój system, podczas gdy Francja przyjmuje asymilację, Wielka Brytania przyjmuje rządy pośrednie. The marginalizacja anglofoniczny Kamerun, kumulować dwa Kameruńczyk głowa stan, Ahidjo i Biya. Stosują one politykę, która prowadzi do arbitralnej dyskryminacji anglofonów, która może mieć charakter polityczny, społeczno-kulturowy i ekonomiczny. Kryzys anglojęzyczny osiągnął punkt kulminacyjny, który można nazwać ludobójstwem, podobny do tego, który miał miejsce w DR Konga i Rwandzie pod rządami Biya i Ahidjo. Wszystkie elementy zespołu udowodniły, że anglojęzyczni Kameruńczycy stoją w obliczu ludobójstwa, czyli całkowitego wyginięcia, w wyniku brutalnych, zaatakowanych przez wojsko, represyjnych działań rządu. Istnieje wiele podmiotów, które uczestniczą lub propagują kryzys anglojęzyczny, wśród nich mamy: kościół katolicki, partie opozycyjne, rząd, ruch anglojęzyczny, organizacje pozarządowe takie jak Human Right watch, Amnesty International, International Crisis Group, United nation, Unia Afrykańska, media takie jak rfi, BBC, *jeune Afrique*, *afrique media*, France 24, również poprzez media lokalne takie jak STV, Vision 4, Equinox, Canal 2. Mimo że informacje krążą, rząd nadal stosuje taktykę kontratakowania anglofonów, wśród których mamy: dziel i rządź, media i represje. Kryzys anglojęzyczny odnotował niezwykłe konsekwencje, takie jak naruszanie praw człowieka, uchodźstwo i przemieszczanie się wewnątrz kraju, skutki społeczno-gospodarcze.

Istnieje szereg środków lub rozwiązań w innych dziedzinach, mających na celu rozwiązanie kryzysu. Rząd powinien zachęcać i podejmować dialog z antagonistą, wypłacać odszkodowania ofiarom wojny, przyspieszać rozwój społeczno-gospodarczy, promować wartości demokratyczne, utworzyć komisję pojednawczą, uwolnić tych arbitralnych aresztowań związanych z kryzysem, podnieść międzynarodowy nakaz aresztowania, wsłuchiwać się w trudną sytuację tych, którzy domagają się federacji i całkowitej niezależności w innych, aby przynieść trwałe rozwiązanie.

BIBLIOGRAFIA

1. Frederic Megret, *Justifying Compensation by the International Criminal Court's Victims Trust Fund: Lessons from Domestic Compensation Schemes*, 36 Brook.J.Int'lL.(2010).Dostępne pod adresem: http://brooklynworks.brooklaw.edu/bjil/vol36/iss1/3.
2. Elizabeth Ambang Akum, *The anglophone problem in Cameroon: political representation and socio--economic development*, Faculty of Social Science, Master's Thesis in Development Studies, Lund University, maj 2009.
3. Efi W. Tembon, *Crisis in the Republic of the Cameroon An Overview of the Anglophone Crisis* 2016-2018.
4. Alexander Lee i Kenneth A. Schultz, "Porównując brytyjskie i francuskie dziedzictwo kolonialne": A Discontinuity Analysis of Cameroon", *Quarterly Journal of Political Science*, 7: 1-46, 2012.
5. Bern-Wabern, *Kryzys w anglojęzycznym Kamerunie,* 25 września 2018 roku.
6. ACAPS Risk report, *CAMEROON Electoral violence in anglophone regions*, 20 September 2018.
7. Jules Roger, Sombaye Eyango, "Inside the Virtual Ambazonia": Separatyzm, mowa nienawiści, dezinformacja i diaspora w kameruńskim kryzysie anglofonicznym" (2018).Prace magisterskie. 1158. https://repository.usfca.edu/thes/1158, str.18.
8. Camilla Arundie Tabe i Njofie Isaac Fieze, "A critical discourse analysis of newspaper headlines on the anglophone crisis in Cameroon", *British Journal of English Linguistics* Vol.6, No.3, s.65, maj 2018.
9. Victor Julius Ngoh, *The Political Evolution of Cameroon*, 1884-1961, PDXScholar, Portland State University, 1979.
10. PIET KONINGS and FRANCIS B. NYAMNJOH , "The Anglophone Problem in Cameroon", *The Journal of Modern African Studies*, Cambridge University Press, Wielka Brytania, 1997, s. 208.
11. Oświadczenie złożone na spotkaniu anglojęzycznego Kongresu w Buea w dniach 2 i 3 kwietnia 1993 r.
12. INTERNATIONAL CRISIS GROUP, *The English speaking crisis in Cameroon: how the Catholic Church can encourage dialogue*, Crisis Group Africa Briefing N°138 Nairobi/Brussels, 26 kwietnia 2018.

13. Dekret nr 2018/719 w sprawie ustanowienia Krajowego Komitetu ds. Rozbrojenia, Demobilizacji i Reintegracji, 30 listopada 2018 r.
14. Sprawozdanie na temat ryzyka, *CAMEROON Przemoc wyborcza w regionach anglojęzycznych*, 20 września 2018 r.
15. International Crisis Group, "Cameroon's Anglophone Crisis at the Crossroads", Africa Report N°250 | 2 sierpnia 2017.
16. H U M A N R I G H T S WATCH, "These Killings Can Be Stopped" *Government and Separatist Groups Abuses in Cameroon's Anglophone Regions*, JULY 2018.
17. Dekret nr 2017/013 z dnia 23 stycznia 2017 r. ustanowił Krajową Komisję ds. promocji dwujęzyczności i wielokulturowości.
18. Sprawozdanie z ćwiczenia dotyczącego sporządzania map najpoważniejszych naruszeń praw człowieka i międzynarodowego prawa humanitarnego popełnionych w okresie od marca 1993 r. do czerwca 2003 r. na terytorium Demokratycznej Republiki Konga sierpień 2010 r.
19. Grupa Kryzysowa, "Kamerun. Fragile State?", Africa Report N°160, 25 maja 2010 r.
20. International Crisis Group, "Cameroon's Anglophone Crisis: How to Get to Talks? ",Raport nr 272 / Afryka 2 maja 2019.
21. Lawyers' Rights Watch Canada (LRWC), Kamerun: Arbitralne zatrzymanie anglofonów w Kamerunie. | List, czwartek, 10 lipca 2018 r., https://www.lrwc.org ' cameroon-arbitrary-detention-of...
22. ReliefWeb, The Anglophone Dilemma in Cameroon, 21 lipca 2017, https://reliefweb.int ' report ' anglophone-dilemma-ca...

FSC
www.fsc.org
MIX
Papier | Fördert
gute Waldnutzung
FSC® C083411

Kolibri 360 GmbH
Ferdinand-Jühlke-Straße 7
99095 Erfurt, Deutschland
produktsicherheit@kolibri360.de

Druck:
CPI Druckdienstleistungen GmbH
im Auftrag der
Kolibri 360 GmbH
Ferdinand-Jühlke-Str. 7
99095 Erfurt